A Beautiful Mind

Un homme d'exception

Scénario d'Akiva Goldsman

Présentation, traduction et notes par

Jean-Pierre Berman
Ancien assistant à l'université de Paris IV-Sorbonne

POCKET

MIXTE
Papier issu de sources responsables
FSC® C003309

Pocket, une marque d'Univers Poche, est un éditeur qui s'engage pour la préservation de son environnement et qui utilise du papier fabriqué à partir de bois provenant de forêts gérées de manière responsable.

ISBN : 978-2-266-22833-6

Sommaire

Prononciation

Sons voyelles

[ɪ] **pit**, un peu comme le *i* de *site*

[æ] **flat**, un peu comme le *a* de *patte*

[ɒ] ou [ɔ] **not**, un peu comme le *o* de *botte*

[ʊ] ou [u] **put**, un peu comme le *ou* de *coup*

[e] **lend**, un peu comme le *è* de *très*

[ʌ] **but**, entre le *a* de *patte* et le *eu* de *neuf*

[ə] jamais accentué, un peu comme le *e* de *le*

Voyelles longues

[iː] **meet** [miːt], cf. *i* de *mie*

[ɑː] **farm** [fɑː^{r}m], cf. *a* de *larme*

[ɔː] **board** [bɔː^{r}d], cf. *o* de *gorge*

[uː] **cool** [kuːl], cf. *ou* de *mou*

[ɜː] ou [əː] **firm** [fəː^{r}m], cf. *eu* de *peur*

Semi-voyelle

[j] **due** [djuː], un peu comme *diou*...

Diphtongues (voyelles doubles)

[aɪ] **my** [maɪ], cf. *aïe !*

[ɔɪ] **boy** [bɔɪ], cf. *oyez !*

[eɪ] **blame** [bleɪm], cf. *eille* dans *bouteille*

[aʊ] **now** [naʊ], cf. *aou* dans *caoutchouc*

[əʊ] ou [əu] **no** [nəʊ], cf. *e* + *ou*

[ɪə] **here** [hɪə^{r}], cf. *i* + *e*

[ɛə] **dare** [dɛə^{r}], cf. *é* + *e*

[ʊə] ou [uə] **tour** [tʊə^{r}], cf. *ou* + *e*

Consonnes

[θ] **thin** [θɪn], cf. *s* sifflé (langue entre les dents)

[ð] **that** [ðæt], cf. *z* zézayé (langue entre les dents)

[ʃ] **she** [ʃiː], cf. *ch* de *chute*

[ŋ] **bring** [brɪŋ], cf. *ng* dans *ping-pong*

[ʒ] **measure** [ˈmeʒə^{r}], cf. le *j* de *jeu*

[h] le *h* se prononce ; il est nettement expiré

Accentuation

ˈ – accent unique ou principal, comme dans MOTHER [ˈmʌðə^{r}]

ˌ – accent secondaire, comme dans PHOTOGRAPHIC [ˌfəʊtəˈgræfɪk]

^{r} indique que le **r**, normalement muet, est prononcé en liaison ou en américain

Comment utiliser la série « Bilingue »

Cet ouvrage de la série « Bilingue » permet au lecteur :

• d'avoir accès aux versions originales de textes célèbres en anglais, et d'en apprécier, dans les détails, la forme et le fond ;

• d'améliorer sa connaissance de l'anglais, en particulier dans le domaine du vocabulaire dont l'acquisition est facilitée par l'intérêt même du récit, et le fait que mots et expressions apparaissent en situation dans un contexte, ce qui aide à bien cerner leur sens.

Cette série constitue donc une véritable méthode d'autoenseignement, dont le contenu est le suivant :

• page de gauche, le texte anglais ;

• page de droite, la traduction française ;

• bas des pages de gauche et de droite, une série de notes explicatives (vocabulaire, grammaire, etc.).

Les notes de bas de page aident le lecteur à distinguer les mots et expressions idiomatiques d'un usage courant, et qu'il lui faut mémoriser, de ce qui peut être trop exclusivement lié aux événements et à l'art de l'auteur.

Il est conseillé au lecteur de lire d'abord l'anglais, de se reporter aux notes et de ne passer qu'ensuite à la traduction ; sauf, bien entendu, s'il éprouve de trop grandes difficultés à suivre le récit dans ses détails, auquel cas il lui faut se concentrer davantage sur la traduction, pour revenir finalement au texte anglais, en s'assurant bien qu'il en a dès lors maîtrisé le sens.

Remerciements pour leur aide et conseils à :

Jean-Michel KANTOR
Université Paris Diderot
Chercheur et historien des mathématiques

Yacine Aït-SAHALIA
Professeur d'économie et directeur du *Bendheim Center for Finance*
de l'université de Princeton

Sol & Laurie GARFUNKEL
COMAP (*Consortium for Mathematics and its Applications*)
Boston, USA

Sophie MEUNIER
Chercheur en relations internationales
et directrice du *European Union Program*
à l'université de Princeton

Présentation

Le scénario dont vous trouverez ici la version bilingue s'inspire – de façon romancée – d'une biographie du mathématicien américain **John Forbes Nash**, intitulée **A BEAUTIFUL MIND,** ***UN HOMME D'EXCEPTION***, écrite par **Sylvia Nasar** (prix Pulitzer 1998).

L'auteur en est l'écrivain **Akiva Goldman,** et reprend les grands axes de cette biographie : brillantes études de mathématiques débutées en 1947, à l'université de Princeton, du surdoué qu'est John Nash, chez qui, très tôt, se manifeste un caractère étrange, et qui, au début des années 1950, va développer une théorie économique particulièrement brillante et novatrice, qui lui permettra d'obtenir un poste de chercheur et enseignant au MIT, où il rencontrera sa future épouse, une de ses étudiantes, **Alicia Larde**.

À la fin des années 1950, c'est le début de la très grave maladie qui va l'affliger pendant près de trente ans – schizophrénie paranoïde, perte de contact avec la réalité, hallucinations, délires – et le maintenir à l'écart de toute vie normale.

Avec l'aide de sa femme il arrive à une guérison, partielle, et revient à la vie universitaire, et, en 1994, il obtient le prix Nobel d'économie.

Le scénario d'Akiva Goldman, tout en reprenant ces grands axes, les développera de façon romancée de façon à créer un suspense pour le spectateur. Ainsi nous suivons John Nash au cours d'une réception avec quelques-uns de ses condisciples étudiants, amis et rivaux, **Sol, Bender, Ainsley** et **Hansen**, qui seront présents tout au long de l'histoire.

Totalement atypique et imprévisible, conscient de sa valeur, John Nash sèche les cours, ce que lui reproche son professeur, **Helinger**, qui lui dit que, de ce fait, il ne peut recommander sa candidature à un poste.

Mais Nash propose à ce dernier une nouvelle théorie, si révolutionnaire qu'un poste lui est immédiatement proposé au **MIT**, établissement des plus prestigieux (au laboratoire Wheeler, création du scénariste). Il y traite ses étudiants durement et même avec un certain mépris. Mais c'est là, cependant, qu'une étudiante au caractère affirmé, Alicia Larde, va le séduire et l'épouser.

Ses aptitudes hors du commun le conduisent au Pentagone pour déchiffrer des codes secrets. Mais c'est à ce moment que ses bizarreries se transforment en la grave maladie évoquée plus haut. C'est là que l'auteur du scénario traite l'affaire de façon romanesque. Notre génial mathématicien se voit entraîné dans une rocambolesque aventure par un agent secret, l'inquiétant **William Parcher**, aventure que nous laissons au lecteur le soin de découvrir, jusqu'au dénouement final.

Le film

A BEAUTIFUL MIND, réalisé **par Ron Howard**, a obtenu, à sa sortie en 2001, plusieurs récompenses, entre autres :

- Meilleure mise en scène : **Ron Howard**
- Meilleur scénario : **Akiva Goldsman**
- Meilleur acteur : **Russell Crowe**
- Meilleure actrice : **Jennifer Connelly**

Ceux de nos lecteurs qui ont vu, ou verront, le film pourront constater :

- que certaines scènes apparaissent dans un ordre différent de celui du scénario ;
- que certaines répliques – courtes – ne sont pas dans le scénario. Cela est dû, bien sûr, à la liberté du metteur en scène de choisir le rythme de son film, et aux acteurs d'improviser des bouts de phrases qui peuvent contribuer à donner plus de naturel à leur jeu.

Biographie de John Forbes Nash

Naissance en 1928 à Bluefield en Virginie-Occidentale de John Nash. De 1945 à 1948, il étudie au **Carnegie Institute of Technology** à Pittsburgh, puis à l'université de **Princeton**, où il soutient sa thèse en 1950. De 1951 à 1952, il est chargé de travaux au **MIT** à Cambridge. Il y rencontre **Alicia Larde,** qu'il épouse en 1957. Ils divorceront en 1963 et se remarieront en 2001. En 1958, les symptômes de sa maladie se font sentir, puis la maladie s'installe et le met à l'écart de toute vie normale pendant près de trente ans. Et ce n'est qu'au début des années 1990 que sa guérison intervient.

En 1994, il partage le prix Nobel d'économie avec l'économiste américano-hongrois John C. Harsanyi et le mathématicien et économiste allemand Reinhard Selten. En 2012, il est en retraite à Princeton.

J.-P. B.

A Beautiful Mind

Un homme d'exception

FADE IN ON:

A STAINED GLASS WINDOW – CLOSE. Sunlight illuminates a complex pattern of symbols and lines. PULL BACK TO REVEAL...

EXT. – PRINCETON UNIVERSITY – PRESIDENT'S RECEPTION – 1947 STUDENTS IN FORMAL DRESS MILL. AN UNCOMMONLY HANDSOME MAN STANDS AT THE BAR, GAZING UP AT THE WINDOW GEOMETRY. THIS IS JOHN NASH.

Nash glances down. The light refracting through his glass draws shifting angles of rainbow on the bar before him.

AINSLEY (OVER) – **Hansen's gonna get the brass ring**[1] **if it kills him.**

Two more students approach the bar. BENDER is wiry, like a scarecrow made of skin. AINSLEY is older, sporting the world's worst tie.

BENDER – He's used to pretty metal. (taps his teeth) **Silver spoon.**

Nash spots the subject of their musings. A dapper student with fiercely intelligent eyes is pumping hands. MARTIN HANSEN.

AINSLEY – It's not enough he won the Carnegie scholarship[2]**.**

BENDER – He has to have it all for himself.

Hansen and Bender approach the punch bowl.

BENDER – First time the Carnegie prize has been split. Now, Hansen's all bent.

Nash's gaze drifts back up to stained glass window. The lines on the window emerge, a geometric formation floating in mid air.

AINSLEY (OVER) – **He's got his sights set on Wheeler Lab**[3]**, that the new military think tank at MIT**[4]**.**

Nash's gaze carries the floating geometry across the crowd to find the rainbows on the bar top. New lines rise, join the pattern.

---

1. **the brass ring** : jeu consistant à décrocher un anneau de cuivre suspendu à un fil, d'où l'image utilisée dans cette traduction.

2. **Carnegie scholarship** : **Andrew Carnegie** (1835-1919), industriel écossais, naturalisé américain, philanthrope, qui a consacré sa fortune à financer de nombreuses bibliothèques, bourses et institutions culturelles.

FONDU SUR :
UN VITRAIL – DE PRÈS. La lumière du soleil illumine un motif complexe de lignes et de symboles. TRAVELLING ARRIÈRE POUR DÉCOUVRIR...

EXTÉRIEUR – UNIVERSITÉ DE PRINCETON – RÉCEPTION DU PRÉSIDENT – 1947

Des étudiants en tenue de cérémonie se pressent en nombre. Un homme particulièrement beau est debout au bar, examinant la géométrie de la fenêtre. C'est JOHN NASH.

Nash baisse les yeux. La lumière se réfléchissant au travers de son verre dessine des angles changeants d'arc-en-ciel sur le bar devant lui.

AINSLEY (VOIX OFF) – **Hansen est prêt à tout pour décrocher le pompon.**

Deux autres étudiants s'approchent du bar. BENDER a les cheveux en broussaille, pareil à un épouvantail fait de peau. AINSLEY, plus âgé, arbore la plus laide cravate du monde.

BENDER – Il est habitué au luxe (tape sur ses dents) **Né avec une cuillère en argent.**

Nash repère le sujet de leur discussion. Un étudiant tiré à quatre épingles avec un regard particulièrement intelligent serre des mains. MARTIN HANSEN.

AINSLEY – Ça ne lui suffit pas d'avoir eu la bourse Carnegie.

BENDER – Il lui faut l'avoir pour lui tout seul.

Hansen et Bender s'approchent du bol de punch.

BENDER – C'est la première fois que la bourse Carnegie est partagée. Alors Hansen en est tout retourné.

Le regard de Nash se retourne vers le vitrail. Des lignes sur la fenêtre émergent une formation géométrique flottant au milieu de l'air.

AINSLEY (OFF) – **Il a des vues sur le Labo Wheeler, le nouveau groupe de réflexion militaire du MIT.**

Le regard de Nash transporte la géométrie flottant au travers de la foule pour trouver l'arc-en-ciel au sommet du bar. Une nouvelle ligne s'élève pour rejoindre le motif.

---

3. **Wheeler Lab** : laboratoire imaginé par le scénariste.
4. **MIT** : **Massachusetts Institute of Technology** (v. p. 66).

BENDER (OVER) – **They're only taking one this year. Best brain in the class.**

AINSLEY (OVER) – **Hansen's used to being picked first.**

The new complex pattern rises, rotates slightly and is sucked into the fracture pattern on Ainsley's tie. A perfect match.

NASH (smiling) – **You know, there's a mathematical explanation for how horrible your tie is.**

AINSLEY – Nice. I'm Ainsley. Symbol Cryptography.

BENDER – Ains here broke a Jap code. Helped rid[1] the world of Fascism. Least that's what he tells the girls. The name's Bender. Atomic physics. And you are...

Just then a third FELLOW runs up, breathless. RICHARD SOL.

SOL – Am I Late?

Ainsley and Bender exchange a look. He's always late.

AINSLEY & BENDER – Yes.

SOL (to Nash) – **Hi. I'm Sol.**

Hansen separates from the crowd to join his friends.

HANSEN – Ah the burden of genius. So many supplicants[2], so little time.

Hansen's eyes light on Nash. The beat of recognition is so slight it's almost imperceptible. He smiles, raises his glass.

HANSEN – I'll take another.

NASH – Excuse me.

HANSEN – A thousand pardons. I simply assume you were the waiter.

SOL – Play nice, Hansen.

AINSLEY – Nice is not Hansen's strong suit[3].

HANSEN – An honest mistake. What with those war ration shoes...

Nash's outfit, though stylishly formal, does look a bit dusty compared to Hansen's elegant bohemia.

---

1. **to rid, rid, rid** : *débarrasser* ; **to get rid of** : *se débarrasser de.*

2. **supplicant** ['sʌplɪkənt] : *postulant* ; *suppliant* ; **to supplicate** : *supplier, implorer.*

3. **suit** : ici = *couleur* (jeu de cartes), d'où l'image utilisée dans la traduction.

BENDER (OFF) – **Ils en prennent seulement un cette année. Le meilleur cerveau de la classe.**

AINSLEY (OFF) – **Hansen a l'habitude d'être choisi le premier.**

Le nouveau motif complexe s'élève, tourne légèrement, et est aspiré par le motif fractionné de la cravate d'Ainsley. Un accord parfait.

NASH (souriant) – **Tu sais il y a une explication mathématique pour expliquer à quel point ta cravate est laide.**

AINSLEY – Bien. Moi c'est Ainsley. Cryptographie des symboles.

BENDER – Ainsley, ici, a décrypté un code japonais. Il a contribué à débarrasser le monde du fascisme. Du moins c'est ce qu'il dit aux filles. Mon nom c'est Bender. Physique atomique. Et toi c'est...

Juste alors un troisième gars accourt, hors d'haleine. RICHARD SOL.

SOL – Je suis en retard ?

Ainsley et Bender échangent un regard. Il est toujours en retard.

AINSLER et BENDER – Oui.

Hansen quitte la foule pour rejoindre ses amis.

HANSEN – Ah le fardeau du génie. Tant de postulants, si peu de temps.

Les yeux de Hansen se posent sur Nash. Le temps de reconnaissance est si bref qu'il est presque imperceptible. Il sourit et élève son verre.

HANSEN – J'en prendrai un autre.

NASH – Pardon.

HANSEN – Mille excuses. Je t'ai simplement pris pour le barman.

SOL – Sois aimable, Hansen.

AINSLEY – L'amabilité, c'est pas le fort de Hansen.

HANSEN – Une simple méprise. Et que dire de ces chaussures de temps de guerre...

L'accoutrement de Nash, bien que correct, paraît un peu miteux par rapport à l'élégance bohème de Hansen.

HANSEN – That couture...
Hansen reaches forward, adjusts Nash's lapel. Not friendly. A long beat. Then Nash smiles.
NASH – Well Martin, it is Martin, isn't it?
HANSEN – Why yes, John.
NASH – I imagine that by now you are indeed used to miscalculation. You see, I have read your pre-prints on both Nazi ciphers and non-linear equations and I am supremely confident[1] that there is not a seminal or innovative idea in either one of them. I do hope to see you around.
With that, Nash offers a slight nod, walks off.
SOL – Who was that masked man?
HANSEN – Gentlemen meet John Nash. The mysterious West Virginia genius. The other winner of the distinguished Carnegie scholarship.
OFF Nash as he goes, stress like a mask on his face.
VOICE (OVER) **– Mathematicians won the war...**

INT. – PRINCETON – FACULTY LOUNGE – AFTERNOON

Immense. Oak panels. A silver haired professor, JOHN HELINGER, stands on a podium, delivering the matriculation[2] speech.
HELINGER – Mathematicians broke the Japanese codes and built the A-bomb[3]...
PULL BACK OVER the crowd of students peering up at him.
HELINGER – Mathematicians like you. But the flame of peace burns all too briefly. The Russians' stated[4] goal is global communism. In medicines or economics, technology or space, battle lines are being drawn. We stand on the edge of reason, gentlemen. On the frontier of human pursuit. To triumph we need results. Publishable. Applicable. Results.

---

1. **confident** : *sûr, assuré.*
2. **matriculation** : ici = *inscription* ; et également *immatriculation.*
3. **A-bomb** : bombe nucléaire ; deux *bombes A* furent utilisées lors de la Seconde Guerre mondiale sur le Japon à Hiroshima (v. p.) et Nagasaki.
4. **stated** : 1. *déclarer* ; 2. *prescrit, convenu.*

HANSEN – Cette couture...

Hansen s'approche, ajuste le revers de Nash. Pas amicalement. Un long moment. Puis Nash sourit.

NASH – Bien, Martin, c'est bien Martin, hein ?

HANSEN – Oui, John, c'est ça.

NASH – J'imagine que maintenant tu es vraiment habitué aux erreurs de calcul. Tu vois, j'ai lu tes études préliminaires à la fois sur les codes nazis et les équations non linéaires et je peux certainement affirmer qu'il n'y a pas une seule idée originale ou novatrice ni dans l'une ni dans l'autre. J'espère te voir dans les parages.

Sur ce, Nash s'incline légèrement et s'en va.

SOL – Qui était cet homme masqué ?

HANSEN – Messieurs, rencontrez John Nash. Le génie mystérieux de Virginie-Occidentale. L'autre gagnant de la prestigieuse bourse Carnegie.

OFF Nash alors qu'il s'en va, la tension comme un masque sur le visage.

VOIX (OFF) **– Les mathématiciens ont gagné la guerre...**

INT. – PRINCETON – SALON DE LA FACULTÉ – APRÈS-MIDI

Immense. Panneaux de chêne. Un professeur aux cheveux argentés, JOHN HELINGER est debout sur un podium, prononçant le discours d'accueil d'inscription des étudiants.

HELINGER – Les mathématiciens ont décrypté les codes japonais et construit la bombe A...

TRAVELLING ARRIÈRE SUR la foule des étudiants les yeux fixés sur lui.

HELINGER – Des mathématiciens comme vous. Mais la flamme de la paix ne brûle que trop peu de temps. Le but avoué des Russes est le communisme mondial. En médecine ou en économie, en technologie ou espace, les lignes de front apparaissent. Nous sommes du côté de la raison, messieurs. Sur la frontière de la poursuite humaniste. Pour triompher nous avons besoin de résultats. Publiables. Applicables. Des résultats.

HANSEN – CLOSE. Where he stands in the crowd.

HELINGER (OVER) – **Who among you will be the next Morse[1]? The next Einstein[2]?**

NASH – CLOSE. Where he stands across the room.

HELINGER (OVER) – **Who among you will be the vanguard of democracy and freedom?**

Helinger stares out at the sea of faces, his eyes burning.

HELINGER – Today we bequeath America's future into your able hands. Welcome to Princeton[3].

EXT. – PRINCETON – BLAIR STEPS – SUNSET – SERIES OF SHOTS

(OVER) A MOTET plays. Nash descends steps to the commons. His shadow seems to lag behind, out of step. Tall buildings loom.

EXT. – PRINCETON CAMPUS – SUNSET – SERIES OF SHOTS

Nash walks campus paths, head down, past students tossing footballs, smoking against trees. His expression tight, anxious.

EXT. – PRINCETON – DORM – SUNSET

The sun is low in the sky. Nash walks into the tall dormitory. (OVER) The MOTET VOICES continue, longing.

INT. – DORM ROOM – SUNSET

Nash is dragging his desk across the room. Positions it by the window. He stares out at the sun-drenched field. Bravado gone. Alone.

The door swings open behind him. Unruly hair and a tuxedo that looks slept in whirl into the room. Meet CHARLES HERMAN, bags in hand.

---

1. **Samuel Morse** (1791-1872), physicien américain et aussi peintre, a mis au point le télégraphe électrique : premier message envoyé en mai 1844 de Baltimore à Washington DC. Inventeur du code *Morse*.

2. **Albert Einstein** (1879-1955) : physicien allemand, puis devenu suisse et américain. Prix Nobel (v. p. 210) de physique en 1921. Célèbre pour sa théorie de la relativité et son équation $E = mc^2$, établissant une équivalence entre matière et énergie.

3. **Princeton** : université privée fondée en 1746. Cinq prix Nobel d'économie, neuf prix Nobel de physique. Parmi les anciens élèves célèbres, citons

HANSEN – DE PRÈS. Où il se tient dans la foule.

HELINGER – (OFF) – **Qui parmi vous sera le prochain Morse ? Le prochain Einstein ?**

NASH – DE PRÈS. Où il se trouve dans la foule.

HELINGER – (OFF) – **Qui parmi vous sera à l'avant-garde de la démocratie et de la liberté ?**

Helinger, les yeux brillants, fixe la mer de visages.

HELINGER – Aujourd'hui nous confions le destin de l'Amérique à vos talents. Bienvenue à Princeton.

EXT. – PRINCETON – ESCALIER BLAIR – COUCHER DE SOLEIL – SÉRIE DE PLANS

(OFF) On entend UN MOTET. Nash descend les marches vers le terrain. Son ombre semble traîner derrière, hors des marches. De hauts bâtiments apparaissent.

EXT. – CAMPUS DE PRINCETON – COUCHER DE SOLEIL – SÉRIE DE PLANS

Nash marche dans les allées du campus, tête baissée, devant des étudiants poussant des ballons de football, fumant contre des arbres. Son expression est tendue, préoccupée.

EXT. – PRINCETON – RÉSIDENCE UNIVERSITAIRE – COUCHER DE SOLEIL

Le soleil est bas dans le ciel. Nash pénètre dans la vaste résidence. (OFF) Les VOIX DU MOTET continuent, nostalgiques.

INT. – CHAMBRE DANS LA RÉSIDENCE – COUCHER DE SOLEIL

Nash tire son bureau au travers de la pièce. Le positionne près de la fenêtre. Il fixe au-dehors les champs baignés de soleil. Exit l'air bravache. Seul.

La porte s'ouvre brusquement derrière lui. Des cheveux ébouriffés et un smoking froissé entrent comme un tourbillon dans la chambre. Voici CHARLES HERMAN, bagages à la main.

---

entre autres : Alan Turing, précurseur de l'informatique, Jacques Maritain, philosophe français, Jean-Pierre Serre, mathématicien français, etc.

CHARLES – The prodigal roommate arrives.

Charles turns down the MOTET, begins stripping as he speaks. Nash stares in confusion as off come his jacket and bow-tie.

NASH – Roommate?

CHARLES – Did you know that a hangover is not having enough water in your body to run your Krebs cycle[1]?

Charles pulls off his pants, and hopping, both shoes.

CHARLES – Which is exactly what happens when you die of thirst.

Now finally his shirt, which he throws on the couch.

CHARLES – So dying of thirst would feel like the hangover[2] that finally kills you.

He grabs a towel and heads for the door.

CHARLES – Nash, right? Happy to meet you.

NASH – CLOSE. Speechless.

INT. – NASH'S DORM ROOM – SUNSET

A TOUCH FOOTBALL[3] GAME – CLOSE. A HAND moves into FRAME, obscuring the players positions with wax symbols. The game begins. WIDER...

Nash has moved his desk in front of the windows, sits now, covering the players positions with symbols on the pane.

CHARLES – Officially almost human again.

Charles has ENTERED from the hall, hair wet, towel around his neck.

CHARLES – Officer, I saw the driver who hit me. His name was Johnny Walker.

Nash continues to bear down on his work.

CHARLES – I arrived last night. Right in time for English Department cocktails. The cock[4] was mine. The tail[5] belonged to a lovely young thing with a passion for D.H. Lawrence.

---

1. **Hans Adolf Krebs** (1900-1981) : biochimiste anglais d'origine allemande, prix Nobel de médecine en 1953 ; le cycle de Krebs est la série de réactions chimiques par lesquelles les organismes obtiennent leur énergie.

2. **hangover** : 1. (ici) *gueule de bois* ; 2. *reste, survivance.*

3. **touch football** : variété US de football où les joueurs stoppent la progression des joueurs de l'équipe adverse par un simple contact, donc pas de placage comme au rugby.

CHARLES – Le colocataire prodigue arrive.

Charles éteint le MOTET, commence à se déshabiller tout en parlant. Nash, ébahi, le fixe alors que veste et nœud papillon se défont.

NASH – Colocataire ?

CHARLES – Sais-tu qu'avoir une gueule de bois, c'est ne pas avoir assez d'eau dans le corps pour effectuer son cycle de Krebs ?

Charles ôte son caleçon et, en sautillant, ses deux chaussures.

CHARLES – Exactement ce qui se passe quand on meurt de soif.

Et enlève finalement sa chemise, qu'il jette sur le lit.

CHARLES – Donc, mourir de soif serait pareil à une gueule de bois qui finirait par vous achever.

Il attrape une serviette et se dirige vers la porte.

CHARLES – Nash, hein ? Heureux de faire ta connaissance.

NASH – PLAN RAPPROCHÉ. Reste muet.

INT. – CHAMBRE DE NASH – COUCHER DE SOLEIL

UN JEU DE TOUCH FOOTBAL – DE PRÈS – UNE MAIN se déplace dans le CADRE, masquant les positions des joueurs avec des symboles en cire. Le jeu commence. PLAN ÉLARGI...

Nash a déplacé son bureau en face de la fenêtre, est maintenant assis, recouvrant de symboles les positions des joueurs sur la vitre.

CHARLES – Officiellement, à nouveau presque humain.

Charles est entré par le vestibule, cheveux mouillés, serviette autour du cou.

CHARLES – Monsieur l'agent, j'ai vu le chauffeur qui m'a rencersé. Son nom était Johnny Walker.

CHARLES – Je suis arrivé la nuit dernière. Juste à temps pour les cocktails du département d'anglais. La bite était à moi, le cul appartenait à une délicieuse jeune chose passionnée par D.H. Lawrence.

---

4. **cock** : 1. (ici. vulg.) *bite* ; 2. *coq, oiseau mâle* ; 3. inclinaison.
5. **tail** : 1. (ici, vulg.) *cul, fesses* ; 2. *queue.*

Nash nods, still doesn't look up from his work.

CHARLES – You're not easily distracted, are you?

NASH – I am here to work.

CHARLES – I see.

Charles spots a bowl of cookies on Nash's desk. Nash covers the bowl before Charles can grab one, never once looking up.

That's when Charles actually climbs up on Nash's desk, sitting right in front of him.

CHARLES – Is my roommate a dick[1]?

Charles reaches into his pocket and pulls out something. A silver flask. Waves it in Nash's face.

CHARLES – If we can't break the ice, how about we drown it?

EXT. – DORM ROOFTOP – SUNSET

Charles and Nash stand under the crimson sky, passing the flask.

CHARLES – So, how's it go? You the poor kid who didn't go to Exeter[2] or Andover[3]?

NASH – Despite my privileged upbringing, I am actually quite balanced. I have a chip on both shoulders[4].

CHARLES – Maybe you're just better with the old integers than with people?

NASH – My first-grade teacher once said I got two helpings of brain and half a helping of heart.

CHARLES – Note: send teacher a little Freud. Needs to brush up.

Nash LAUGHS. Takes a long swig.

NASH – The fact is, I don't like people much. And they don't much like me.

CHARLES – What, with all your wit and charm?

Nash smiles, looks out at the sun stained campus.

---

1. **dick** : 1. (ici) *abruti, con* ; 2. (vulg.) *bite*.

2. **Exeter** : école privée indépendante, créée en 1781 dans le New Hampshire, et utilisant des méthodes non conventionnelles.

3. **Andover** : lycée privé créé en 1778, situé au nord de Boston et réputé pour l'excellence de ses résultats ; rival de l'école d'Exeter.

Nash hoche la tête, ne lève toujours pas les yeux de son travail.

CHARLES – On ne te distrait pas facilement, n'est-ce pas ?

NASH – Je suis ici pour travailler.

CHARLES – Je vois.

Charles repère un bol de cookies sur le bureau de Nash. Nash recouvre le bol avant que Charles puisse en saisir un, sans jamais lever les yeux.

C'est alors que Charles saute vraiment sur le bureau de Nash, s'asseyant juste en face de lui.

CHARLES – Est-ce que mon camarade de chambre est un abruti ?

Charles fouille dans sa poche et en sort quelque chose. Une flasque en argent. Il l'agite devant le visage de Nash.

CHARLES – Si nous ne pouvons pas rompre la glace, on pourrait la noyer ?

EXT. – TOIT DE LA RÉSIDENCE – COUCHER DE SOLEIL

Charles et Nash sont debout sous le soleil écarlate, se passant la flasque.

CHARLES – Alors comment ça va ? Tu es le pauvre gars qui n'a pas pu entrer à Exeter ou Andover ?

NASH – En dépit de mon éducation privilégiée, je suis en vérité tout à fait équilibré. J'en veux seulement à tout le monde.

CHARLES – Tu es peut-être meilleur avec les chiffres qu'avec les gens.

NASH – Mon professeur de sixième a dit une fois que j'avais une double portion de cerveau et une demi-portion de cœur.

CHARLES – Note : envoie au prof un petit Freud. Il a besoin de réviser.

Nash RIT. Avale une bonne gorgée.

NASH – Le fait est que je n'aime pas beaucoup les gens. Et ils ne m'aiment pas beaucoup.

CHARLES - Quoi, avec tout ton esprit et ton charme ?

Nash sourit et regarde le campus baigné de soleil.

---

4. **a chip on both shoulders** : m. à. m. *une ébréchure sur chaque épaule.* L'expression se construit habituellement avec l'adjectif possessif **his** ou **her.**

CHARLES – Maths won't lead us to a higher truth, John... They're just boring.

Nash stares at him a beat. Then he smiles

NASH – Do you know there are equations that can predict the rotation of galaxies as surely as the ebb and flow of human blood. There is a crystalline architecture to the universe we can only glimpse. That is the only truth. The match[1] of things, the match of everything, the secrets implied by the world in whispers.

CHARLES – We are going to need more booze[2].

A couple of fellows race past, LAUGHING, tossing football.

NASH – Half of these school boys are already published. I cannot waste time with these classes, these books, memorizing the weaker assumptions of lesser mortals. I need to look through, to the governing dynamics, find a truly original idea. It is the only way I will distinguish myself. It is the only way I will...

CHARLES – Matter.

Nash glances over to Charles, startled.

NASH – Yes.

PROFESSOR (OVER) **– We study games to study human behavior[3] in strategic conflict...**

EXT. – FINE HALL – FALL – DAY – ESTABLISHING

The first hints of fall. Sol hurries into the building, late.

PROFESSOR (OVER) **– Put simply, the study of games is the study of war...**

INT. – FINE HALL – CLASSROOM – DAY

PROFESSOR HORNER stands lecturing Bender, Hansen, Ainsley, and several others. Sol pushes inside, late.

---

1. **match of things** : m. à. m. ici : *combinaison des choses,* rendu par *la mathématique des choses.*

2. **booze** : *alcool* ; **boozed,** *bourré* ; **boozer,** *poivrot.*

3. **behavior** (orth.US) **behaviour** (orth.GB).

CHARLES – Les maths ne nous conduisent pas à une vérité plus profonde, John... Elles sont juste assommantes.

Nash le fixe un temps. Puis il sourit.

NASH – Sais-tu qu'il y a des équations qui peuvent prédire la rotation des galaxies aussi précisément que le flux et le reflux du sang humain. Il existe une structure cristalline de l'univers que nous ne pouvons qu'entrevoir. C'est la seule vérité. La mathématique des choses, la mathématique de toute chose, les secrets qu'implique la rumeur du monde.

CHARLES – Il va nous falloir plus d'alcool.

Deux types passent en courant. ILS RIENT en poussant un ballon de football.

NASH – La moitié de ces étudiants ont déjà publié. Je ne peux pas perdre de temps avec ces cours, ces manuels, à mémoriser les hypothèses faiblardes de simples mortels. J'ai besoin d'explorer de près la dynamique qui gouverne, j'ai besoin de trouver une idée vraiment originale. Je me distinguerai de cette seule manière. C'est la seule manière pour moi de...

CHARLES – Compter.

Nash dévisage Charles, décontenancé.

NASH – Oui.

PROFESSEUR (OFF) **– Nous étudions les jeux pour étudier le comportement humain dans les conflits stratégiques...**

EXT. – FINE HALL – AUTOMNE – JOUR – PLAN DE SITUATION

Les premiers signes de l'automne. Sol se dépêche d'entrer dans le bâtiment, en retard.

PROFESSEUR (OFF) **– Énoncé simplement : l'étude des jeux, c'est l'étude de la guerre...**

INT. – FINE HALL – SALLE DE COURS – JOUR

Le PROFESSEUR HORNER est debout en train de faire un exposé à Bender, Hansen, Ainsley, et plusieurs autres. Sol s'introduit, en retard.

HORNER – Thank you for stopping by Mr. Sol.

He glances at one empty chair. Then at his roster.

HORNER – Where the hell is... Nash?

Hansen looks out the window. FOLLOW Hansen's gaze into...

EXT. – PRINCETON – EAST PINE QUAD – DAY

HANSEN (OVER) – **He's looking for his original idea**

Nash is on his bicycle riding around the courtyard in figure eights, eyes half-closed, students scattering as he goes.

EXT. – PRINCETON – CANNON GREEN – DAY

Students sit over game boards set on benches. FIND one small group of familiar players.

HANSEN (OVER) – **Cowards, all of you? Will none rise to meet my challenge?**

Hansen stands over a GO[1] board facing Bender, Ainsley and several others. RAPS the board with his knuckles.

HANSEN – Come on, Bender, whoever wins, Sol does his laundry all semester...

SOL – Does this seem unfair to anyone else?

Others just shake their heads, GRUNT no's. Nash walks backwards past them.

AINSLEY – Hey Nash, taking a reverse constitutional?

Nash looks up, apparently startled by their presence.

NASH (OVER) – **I hope to extract an algorithm[2] to define their movements...**

All follow Nash's gaze. A group of pigeons dance back and forth, devouring a pile of breadcrumbs.

BENDER (mouthing) – **Psy-cho**

SOL – Man, I thought you dropped out[3]. You ever gonna go[4] to class?

NASH – Classes dull the mind and destroy authentic creativity.

---

1. **Go** : jeu chinois où deux adversaires placent des pierres noires et blanches sur un plateau, pouvant représenter des soldats et cherchent à s'encercler mutuellement.

2. **algorithm** : suite finie d'instructions servant à résoudre un problème (planification, recettes, etc.) ; ex. *la règle de trois.*

HORNER – Merci de passer nous voir, monsieur Sol.
Il pose son regard sur une chaise vide. Puis à son registre.
HORNER – Où diable est... Nash ?
Hansen regarde par la fenêtre. SUIT le regard de Hansen dans...

EXT. – PRINCETON – EAST PINE DRIVE – JOUR
HANSEN (OFF) – **Il est à la recherche de son idée originale.**
Nash est sur sa bicyclette roulant dans la cour en faisant des huit, les yeux mi-clos, les étudiants s'écartant sur son passage.

EXT. – PRINCETON – CANON GREEN – JOUR
Des étudiants sont assis autour de jeux de société posés sur des bancs. ON TROUVE un petit groupe d'habitués.
HANSEN (OFF) – Bande de lâches. Personne ne va se lever pour relever mon défi.
Hansen est debout penché sur un jeu de GO face à Bender, Ainsley et quelques autres. DONNE DES COUPS SECS sur le jeu avec ses phalanges.
HANSEN – Allons, Bender, quel que soit le gagnant, Sol fait sa lessive tout le semestre...
SOL – Est-ce que cela semble injuste à quelqu'un d'autre ?
Les autres se contentent de secouer la tête, GROMMELER des non. Nash revient vers eux à reculons.
AINSLEY – Hé, Nash, on fait un petit tour à l'envers ?
Nash lève les yeux, apparemment surpris de leur présence.
NASH (OFF) – **J'espère extraire un algorithme pour définir leur mouvements.**
Tous suivent le regard de Nash. Un groupe de pigeons danse çà et là, dévorant une pile de miettes de pain.
BENDER – (marmonnant) – **Psy-cho.**
SOL – Mec, je croyais que tu laissais tomber. Tu ne vas jamais en cours.
NASH – Les cours nous ramollissent l'esprit et détruisent la créativité authentique.

---

3. **to drop out** : *abandonner, laisser tomber* ; **a drop-out** : *un marginal* ; *un étudiant qui abandonne ses études.*
4. **gonna go = are going to go.**

HANSEN – John's going to stun[1] us all with his genius.
Hansen flips a GO stone in the air, catches it in a fist.
HANSEN – Which is another way of saying he doesn't have the nerve to compete.
Hansen RAPS the game table with his knuckles.
HANSEN – Scared?
A beat. Then Nash smiles. Looks at Sol.
NASH – No starch. Pressed and folded.

EXT. – PRINCETON – CANNON GREEN – DAY – MINUTES LATER

Nash faces Hansen across the GO board. The play is incredibly fast. Nash is intense, almost preternaturally aware.
HANSEN – Let me ask you something, John.
NASH – Be my guest Martin.
HANSEN – Bender and Sol correctly completed Allen's proof[2] of Perron's[3] conjecture.
NASH – Adequate work without innovation.
SOL – I'm flattered. Are you flattered?
BENDER – Flattered.
HANSEN – I've got two weapons briefs under security review by the DOD[4].
NASH – Derivative drivel.
HANSEN – But Nash achievement – zero
NASH – I'm a patient man, Martin. Is there an actual question coming?
HANSEN – What if you never come up with your original idea? How will it feel when I'm chosen for Wheeler and you're not?
Hansen makes a deft move, and strips Nash's stones.
HANSEN – What if you lose?
Nash sits there. Stunned.

---

1. **to stun** : 1. (ici) *épater, stupéfier* ; 2. *abasourdir* ; 3. *assommer.*
2. **Allen's proof : John Allen Paulos,** né en 1945, professeur de mathématiques à l'université du Wisconsin et auteur de nombreux ouvrages basés, entre autre, sur l'humour et les maths.

HANSEN – John va tous nous épater avec son génie.

Hansen jette en l'air une pièce de GO, et l'attrape dans son poing.

HANSEN – Ce qui est une autre manière de dire qu'il n'a pas le courage d'entrer en concurrence.

Hansen DONNE UN COUP SEC sur la table de jeu avec ses phalanges.

HANSEN – Effrayé ?

Une pause. Puis Nash sourit. Regarde Sol.

NASH – Pas d'amidon. Repassé et plié.

EXT. – PRINCETON – CANNON GREEN – DE JOUR – QUELQUES MINUTES PLUS TARD

Nash fait face à Hansen devant un jeu de GO. Le jeu est incroyablement rapide. Nash est concentré, presque exceptionnellement conscient.

HANSEN – Laisse-moi te demander quelque chose, John.

NASH – À ton service, Martin.

HANSEN – Bender et Sol ont résolu correctement la preuve d'Allen de la conjecture de Perron.

NASH – Travail convenable mais non innovant.

SOL – Je suis flatté. Es-tu flatté ?

BENDER – Flatté.

HANSEN – J'ai deux topos sur les armements en train d'être examinés par le DOD.

NASH – Banales bêtises.

HANSEN – Mais une réalisation de Nash : zéro.

NASH – Je suis un homme patient. Y a-t-il une question concrète à venir ?

HANSEN – Et si ton idée originale ne germait jamais ? Comment tu te sentiras quand je serai choisi pour Wheeler, et pas toi.

Hansen fait un geste adroit, et rafle les pions de Nash.

HANSEN – Et si tu perds ?

Nash est assis là, abasourdi.

---

3. **Oskar Perron** (1880-1975) : mathématicien allemand, professeur à l'université d'Heidelberg.

4. **DOD = Departement of Defence,** ***ministère de la Défense.***

NASH – You should not have won. I had the first move. My play was perfect. The game is flawed[1].

HANSEN – Ah, the hubris of the defeated.

NASH – The game is flawed...

Nash stands frustrated, inadvertently spilling the board. He walks off flustered. Hansen smiles, shakes his head.

HANSEN – Gentlemen, the great John Nash.

DISSOLVE TO – EXT – PRINCETON EAST PINE QUAD – SUNSET

Nash stares down at a GO board laying at his feet, his face lined with deep frustration.

NASH-POV. Different sections of the board go dark, patterns of squares rising and falling, with ever increasing speed.

PULL BACK AND UP...

EXT. – PRINCETON – CANNON GREEN – ACCELERATED TIME

HIGH ANGLE of Nash standing alone in the courtyard, head bowed. The sun sinks behind the horizon; the moon moves across the starry sky.

NASH-POV. From the game board, a shape now rises, hexagonal, hovering[2] over the original play surface like a phantom.

INT. – PRINCETON – STUDENT LOUNGE – DAY

Overstuffed chairs and scrawled notices on the walls. Sol and another student passionately ARGUE a math problem on the blackboard.

Nash ENTERS, walks up to Ainsley and Bender; who are playing GO, and drops a hand-made hexagonal game board on top of their game.

BENDER – What the hell–

---

1. **flawed** [flɔːd] : 1. (ici) *truqué* ; 2. *imparfait* ; **flaw** : *vice de forme* ; **to flaw** : *altérer, endommager.*

2. **to hover** : 1. (ici) *planer* 2. *flotter, voltiger* ; 3. *hésiter.*

NASH – Tu n'aurais jamais dû gagner. C'était à moi de jouer. Mon jeu était parfait. Le jeu est truqué.

HANSEN – Ah, l'orgueil du vaincu.

NASH – Le jeu est truqué...

Nash est debout, frustré, renversant par mégarde le jeu. Il s'en va agité. Hansen sourit, secoue la tête.

HANSEN – Messieurs, le grand John Nash.

FONDU SUR EXT. PRINCETON – COUR EAST PINE – COUCHER DE SOLEIL

Nash se penche sur un jeu de GO posé à ses pieds, le visage empreint d'une profonde frustration.

POINT DE VUE DE NASH. Différentes parties du jeu deviennent noires, des motifs de carrés s'élèvent et tombent, à une vitesse qui ne cesse d'augmenter.

TRAVELLING ARRIÈRE (ET MONTANT)...

EXT. – PRINCETON – CANNON GREEN – TEMPS ACCÉLÉRÉ

PLAN EN PLONGÉE sur Nash debout dans la cour, tête baissée. Le soleil plonge à l'horizon ; la lune se déplace dans le ciel étoilé.

POINT DE VUE DE NASH. Depuis le jeu une forme s'élève maintenant, hexagonale, planant au-dessus de la surface du jeu comme un fantôme.

INT. – PRINCETON – SALON ÉTUDIANT – JOUR

Des chaises surencombrées, des notes griffonnées sur les murs. Sol et un autre étudiant ARGUMENTENT avec passion sur un problème de maths au tableau noir.

Nash ENTRE, se dirige vers Ainsley et Bender, qui jouent au GO, et laisse tomber une planche de jeu hexagonale, faite main, au-dessus de leur jeu.

BENDER – Bon sang !

NASH – Revised conflict parameters nullify variant outcome potential. Ideal move sequence guarantees first-player victory. (leaning in) **If you win. You deserve to.**
Nash holds Ainsley's gaze a beat too long. Then walks out.
BENDER – He's totally lost it.
SOL (walking up) **– Somebody needs to cut down on their caffeine intake[1].**
But Ainsley's not listening, he's staring at the new game board.
AINSLEY – Will you look at this...

INT. – STUDENT LOUNGE
Helinger enters with Hansen. Students sit over hexagonal game boards.
HELINGER – Your work on fusion is impressive.
HANSEN – I know the boys at Wheeler are doing H-bomb[2] research, sir. I'm hopeful–
Helinger has noticed Ainsley and another student playing on the hexagonal board.
HELINGER – What have we here, Mr Ainsley?
AINSLEY – This game. It's... perfect, sir.
HELINGER – Where did it come from?
AINSLEY (wry smile) **– Well, it's called Nash, sir.**
OFF Hansen's reaction. Less than pleased.

INT. – PRINCETON LIBRARY[3] – LATE NIGHT
PUSH PAST the Librarian, PAST oak tables and green reading lamps, FIND Nash drawing on a large window overlooking campus.
CHARLES (OVER) **– You've been here two days.**
Nash turns to find Charles behind him. John looks exhausted.

---

1. **intake** ['ɪnteɪk] : 1. (ici) *prise, dose* ; 2. recrutement.

2. **H-bomb** : bombe à hydrogène, imaginée par le Hongro-Américain **Edward Teller**, et dégageant une énorme puissance thermique. Le physicien **R. Oppenheimer** (v. p. 70) s'y opposa, la jugeant un dangereux instrument de génocide. Le premier essai eut lieu en 1952 suivi d'un deuxième en

NASH – Les paramètres de conflit modifiés annulent le potentiel des variantes de sortie. La suite idéale des séquences garantit la victoire du premier joueur. (se penchant) **Si vous gagnez. Vous le méritez.**

Nash soutient le regard d'Ainsley un temps trop long. Puis s'en va.

BENDER – Il ne sait plus ce qu'il dit.

SOL – (se levant) **Certains devraient diminuer leur dose de caféine.**

Mais Ainsley n'écoute pas. Il fixe la nouvelle planche de jeu.

AINSLEY – Voulez-vous regarder ça...

INT. – SALON ÉTUDIANT

Helinger entre avec Hansen. Des étudiants sont assis devant des plaques de jeu hexagonales.

HELINGER – Votre travail sur la fusion est impressionnant.

HANSEN – Je sais que les gars du Wheeler font des recherches sur la bombe H, monsieur. J'ai de l'espoir...

Helinger a remarqué Ainsley et un autre étudiant jouant sur la plaque hexagonale.

HELINGER – Qu'est-ce que nous avons là, monsieur Ainsley ?

AINSLEY – Ce jeu. Il est parfait, monsieur.

HELINGER – D'où vient-il ?

AINSLEY (sourire pincé) **Bien, il s'appelle Nash, monsieur.**

(OFF) Réaction de Hansen. Moins que satisfaite.

INT. – BIBLIOTHÈQUE DE PRINCETON – TARD LA NUIT

PASSÉ le bibliothécaire, PASSÉ les tables de chêne et les lampes de lecture vertes, ON TROUVE Nash dessinant sur une grande fenêtre surplombant le campus.

CHARLES (OFF) **– Tu es là depuis deux jours.**

Nash se retourne pour trouver Charles derrière lui. John a l'air épuisé.

1954. De leur côté les Soviétiques firent exploser la plus puissante bombe H en 1961.

3. **library** ['laɪbrərɪ] : ***bibliothèque***. Attention, ***une librairie,*** **a bookshop.**

NASH – Hansen just published another paper. And I can't even find a topic for my doctorate.
Charles walks to the glass, appraises Nash's work.

CHARLES – Hell, no. You invented window art.

NASH (off the first pattern) – **This group represents a game of touch football...** (off the second pattern) **This was a cluster of pigeons fighting for bread crumbs...** (off the third) **And the woman chasing a man who stole her purse...**

CHARLES – You watched a mugging[1]?

NASH – In competitive behavior, someone always loses...

CHARLES – My niece knows that, John. (holds hand knee height) **She's this tall.**

NASH – If I could derive an equilibrium where prevalence is a non-singular event, where nobody loses, imagine the effect on conflict scenarios, arms negotiations, currency exchange...

CHARLES – When was the last time you ate?
Nash stares at him blankly.

CHARLES – You know, food?

NASH – You have no respect for cognitive revery, do you know that?

CHARLES – Pizza. I have respect for pizza. And beer...
Nash stares at his friend. Then drops his clipboard, follows.

NASH – I have respect for beer.

EXT. – OLD HOME BAR – PRINCETON – NIGHT

Warm amber light shines through the window of the bar as students push inside, out of the deepening cold.

INT. – OLD HOME BAR – NIGHT

(OVER) LES BROWN on the jukebox. Students party with coeds[2] from neighboring schools. Ainsley charms a few girls at the bar.

---

1. **mugging** : *agression* ; **mug** : 1. *voyou, gangster* ; 2. *gueule* ; 3. *idiot, nigaud* ; 4. *chope*.

2. **coeds** ['kəʊedz] : 1. (ici) *étudiante d'un établissement mixte* ; 2. (GB) *école mixte*.

NASH – Tu sais que Hansen vient de publier un autre article. Et je ne peux même pas trouver un sujet de doctorat.

Charles marche jusqu'à la vitre, évalue le travail de Nash.

CHARLES – Bon Dieu, non. Tu as inventé l'art sur vitre.

NASH – (sur le premier motif) **– Ce groupe représente un jeu de touch football** (sur le second motif) **– Ceci était un rassemblement de pigeons se battant pour des miettes de pain.** (sur le troisième) **– Et ceci est une femme poursuivant un homme qui lui a volé son porte-monnaie...**

CHARLES – Tu as été le témoin d'une agression ?

NASH – Dans un comportement concurrentiel, quelqu'un est toujours perdant...

CHARLES – Ma nièce sait cela, John (lève sa main à hauteur du genou)**. Elle est haute comme ça.**

NASH – Si je pouvais déduire un équilibre où la prévalence serait un événement non singulier, où personne ne perd, imagine les effets sur les scénarios de conflits, les négociations sur les armes, les taux de change...

CHARLES – Quand as-tu mangé pour la dernière fois ?

Nash le fixe, le regard vide.

CHARLES – Tu connais, la nourriture ?

NASH – Tu ne respectes pas la rêverie cognitive, tu sais cela ?

CHARLES – J'ai du respect pour la pizza, et la bière...

Nash fixe son ami. Puis laisse tomber son écritoire, suit.

CHARLES – J'ai du respect pour la bière.

EXT. – BAR OLD HOME – PRINCETON – NUIT

Une chaude lumière ambrée brille à travers la fenêtre du bar alors que des étudiants entrent à l'intérieur, hors du froid qui s'intensifie.

INT. – BAR OLD HOME – PRINCETON – DE NUIT

(OFF) LES BROWN sur le juke-box. Des étudiants ont une soirée avec des étudiantes de première année de la fac voisine. Ainsley fait du charme à quelques filles au bar.

Nash is shooting pool[1]. Alone. Hansen and Bender walk up.

HANSEN – Who's winning, you or you?

That's when Sol arrives. Late.

SOL – Hey. Oh, hey, Nash. Where's Ains?

Bender gestures to the bar where Ainsley charms a few girls

SOL – I wish girls liked me like that.

BENDER – You wish girls liked you at all.

HANSEN – Hey, Nash, somebody's trying to get your attention.

Ainsley, arm now securely around a luscious[2] brunette, is gesturing Nash over. The blond GIGGLES, averts her eyes.

BENDER – Go with god.

SOL – Come back man.

BENDER – Fortune favors the brave.

HANSEN – Bombs away.

NASH – Before you scoff[3], gentlemen. May I remind you, the odds[4] improve with each attempt.

Nash turns and heads towards the bar. Hansen stares after him.

HANSEN – This will be classic

INT. – OLD HOME BAR – MOMENTS LATER

Nash is at the bar with REBECCA, the blond coed. The two stand in awkward silence. The moment stretches in. Finally...

BECKY – Maybe you want to buy me a drink.

Nash appraises her clinically.

NASH – Look, I don't know exactly what things I am required to say in order for you to have intercourse with me. But could we assume I have said them? I mean essentially we're talking about fluid exchange, right? So, could we go right to the sex?

BECKY – That was sweet.

She SLAPS him across the face.

---

1. **pool** : 1. (ici, US) *billard* ; 2. *bassin, étang, mare* ; 3. *flaque* ; 4. *piscine* ; 5. *groupe, équipe* ; *consortium, cartel* ; 6. *groupement, accord.*

2. **luscious** ['lʌʃəs] : 1. (ici) *séduisante* ; 2. *succulent, riche* (couleur).

3. **to scoff** : 1. (ici) *se moquer, être méprisant* ; 2. *bouffer, s'empiffrer.*

Nash joue au billard. Seul. Hansen et Bender arrivent.

HANSEN – Qui gagne, toi ou toi ?

Sur ce, Sol arrive, en retard.

SOL – Hé. Oh, hé, Nash. Où est Ains ?

Bender se faufile vers le bar où Ainsley fait du charme à quelques filles.

SOL – J'aimerais que les filles m'aiment comme ça.

BENDER – Tu souhaites que les filles t'aiment en général.

HANSEN – Hé, Nash, quelqu'un essaie d'attirer ton attention.

Ainsley, un bras enlaçant solidement une séduisante brunette, fait des gestes vers Nash. La blonde GLOUSSE, détournant les yeux.

BENDER – Dieu est avec toi..

SOL – Ça fera de toi un homme.

BENDER – La fortune sourit aux audacieux.

HANSEN – On fonce.

NASH – Avant de vous moquer, messieurs, puis-je vous rappeler que les chances de vaincre augmentent à chaque tentative.

Nash se retourne et se dirige vers le bar. Hansen le suit du regard.

HANSEN – Ça va être un classique.

INT. – OLD HOME BAR – QUELQUES INSTANTS PLUS TARD

Nash est au bar avec REBECCA, l'étudiante blonde. Les deux sont debout dans un silence gêné. Finalement...

BECKY – Peut-être voulez-vous m'offrir un verre ?

Nash l'évalue cliniquement.

NASH – Écoutez, je ne sais pas au juste quelles choses je suis censé dire afin que nous ayons un rapport sexuel. Mais pouvons-nous supposer que je les ai dites ? Je veux essentiellement dire que nous parlons d'un échange de fluides, non ? Aussi, pouvons-nous aller tout de suite faire l'amour ?

BECKY – Comme c'est mignon.

Elle lui claque la figure.

---

4. **odds** : 1. (ici) *chances* ; 2. *cote* ; ex. **the odds are twenty to one,** *la cote est de vingt contre un.*

BECKY – Have a nice night, asshole[1].

She walks off. John turns to face the bar.

VOICE (OVER) – **Want a piece of friendly advice?**

WIDER. Charles is standing at the juke-box behind him.

NASH – Is 'no' an actual option?

CHARLES – You may be a genius, but when it comes to the calculus of human emotions, you don't have a clue. So buy them drinks. Smile. Nod a lot. And keep your bloody mouth shut.

Charles CLAPS him on the shoulder.

CHARLES – I especially like the fluid exchange part.

Charles heads out the door, slipping past an ENTERING JOCK[2].

NASH – What's unfriendly advice sound like?

Nash turns to face the Jock who stares back, face puzzled.

EXT. – PRINCETON – HOLDER ARCHES – WINTER – DAY – WIDE ANGLE

Two figures pass through the icy stone archways.

HELINGER (OVER) – **Perhaps your academic progress has suffered from too much isolation...**

EXT. – PRINCETON – HOLDER ARCHWAYS – WALKING

Nash and Helinger walk through patterns of winter sun.

HELINGER – Human connection gives us perspective. Friends...

NASH – I don't make friends.

HELINGER – Why not?

NASH – Apparently I'm an asshole.

HELINGER – The faculty is completing mid year reviews. We're deciding which placement[3] applications[4] to support[5].

---

1. **asshole** (US), **arsehole** (GB) : *trou du cul, con.*

2. **jock** : étudiant passionné de sport et pas très malin.

3. **placement** ['pleɪsmənt] : 1. (ici) *poste, stage* ; 2. *localisation* ; 3. (US) *centre d'orientation professionnelle.*

4. **application** [æplɪ'keɪʃən] : 1. (ici) *demande* ; 2. *assiduité* ; 3. *application.*

5. **to support** [sə'pɔːrt] : 1. (ici) *soutenir, appuyer* ; 2. *subvenir aux besoins de.*

BECKY – Passe une bonne nuit, connard.

Elle s'en va. Nash se retourne vers le bar.

VOIX (OFF) **– Tu veux un conseil d'ami ?**

PLAN ÉLARGI. Charles est debout devant le juke-box, derrière Nash.

NASH – Est-ce que « non » est une véritable option ?

CHARLES – Tu es peut-être génial, mais quand on en vient au calcul des émotions humaines, tu n'as aucune solution. Alors, offre-leur un verre. Souris. Dis oui. Et garde ta foutue bouche fermée.

Charles lui TAPE sur l'épaule.

CHARLES – J'apprécie particulièrement le passage sur l'échange de fluides.

Charles se dirige vers la porte, croisant un MORDU DE SPORT QUI ENTRE.

NASH – À quoi ressemble un conseil inamical ?

Nash se retourne et fait face au sportif qui le regarde, le visage ébahi.

EXT. – PRINCETON – ARCADES HOLDER – HIVER – JOUR – PLAN LARGE

Deux silhouettes traversent les arcades de pierre givrées.

HELINGER (OFF) **– Vos progrès universitaires ont peut être souffert de trop d'isolement...**

EXT. – PRINCETON – ARCADES HOLDER – EN MARCHANT

Nash et Helinger marchent au travers d'un motif de soleil d'hiver.

HELINGER – La relation humaine nous donne une perspective. Des amis...

NASH – Je ne me fais pas d'amis.

HELINGER – Pourquoi ?

NASH – Apparemment je suis un abruti.

HELINGER – Les enseignants de la faculté terminent le bilan du premier semestre. Nous décidons quelles demandes de postes soutenir.

NASH – Wheeler would be my first choice, sir.
Helinger stares at him incredulously.

HELINGER – John, your fellows have attended[1] classes, written papers, published–

NASH – I am still searching for–

HELINGER – Your original idea, I know. But there are eight weeks until the end of the semester and essentially all you've done is create a game. Clever, John. But just nowhere near good enough.
Helinger opens a door, Nash trailing him into...

INT. – PRINCETON – MATH LOUNGE – DAY
A cloak chamber leads to a room where math faculty are served tea by tuxedoed[2] waiters. A valet stands at the archway.

NASH – I've been working on manifold embedding[3], also my bargaining stratagems have been showing some promise, and if you would just be kind enough to get me another meeting with Professor Einstein, as I have repeatedly asked you for, I am confident that this time he would be more impressed with my revisions on his theory of general relativity.
Helinger has handed his coat to the valet.

HELINGER – Do you see what they are doing, John?
Beyond, a professor rises, crosses the room. Takes his pen from his pocket, lays it in front of seated man.

HELINGER – The pen is one of the oldest tributes here at Princeton.
More and more faculty are rising, now, lying their pens down in front of the smiling man.

HELINGER – Reserved for a member of the department who makes the achievement of a lifetime.
Helinger takes his own pen from his pocket. Then he notices the hunger in Nash's eyes.

---

1. **to attend** [ə'tend] : 1. (ici) *asister à* 2.
2. **tuxedo** [tʌk'siːdəu] (US) : *smoking*; (GB) **dinner-jacket.**
3. **manifold embedding** : *plongements des variétés,* terme technique de topologie (étude mathématique des formes).

NASH – Wheeler serait mon premier choix, monsieur.

HELINGER – John, vos camarades ont suivi les cours, écrit des articles, publié.

NASH – Je continue à rechercher...

HELINGER – Votre idée originale, je sais. Mais il reste huit semaines avant la fin du semestre et, en gros, tout ce que vous avez fait, c'est de créer un jeu. Astucieux, John. Mais bien loin d'être suffisant.

Helinger ouvre une porte, Nash le suivant vers...

INT. – PRINCETON – SALLE DE MATHS – JOUR

Un vestiaire mène à une pièce où des serveurs en smoking apportent du thé aux mathématiciens de l'université. Un valet est debout sous la voûte.

NASH – J'ai travaillé sur les plongements de variétés, mais aussi les modalités de négociations ont montré des possibilités de succès, et si vous aviez juste l'amabilité de m'obtenir un autre rendez-vous avec le professeur Einstein, comme je vous l'ai demandé plusieurs fois, je suis sûr que, cette fois, il serait plus impressionné par mes révisions de sa théorie générale de la relativité.

Helinger a tendu son manteau au valet.

HELINGER – Est-ce que vous voyez ce qu'ils sont en train de faire, John ?

Plus loin, un professeur se lève, traverse la pièce. Prend son stylo dans sa poche, et le pose en face d'un homme assis.

HELINGER – Le stylo est l'un des plus anciens hommages ici à Princeton.

De plus en plus d'universitaires se lèvent, maintenant, déposant leurs stylos devant un homme souriant.

HELINGER – Réservé à un membre du département pour sa réussite de toute une vie.

Helinger sort son propre stylo de sa poche. Puis il remarque une soif dans les yeux de Nash.

HELINGER – What do you see?

NASH – Recognition.

HELINGER – Try seeing accomplishment[1].

NASH – Is there a difference?

Helinger just shakes his head, stares at him sadly.

HELINGER – You haven't focused[2]. I am sorry but up to this point your record doesn't warrant[3] any placement at all. Good day.

Helinger walks into the main room, leaving John looking in.

INT.NASH'S DORM ROOM – LATE AFTERNOON – WINTER

Nash stands, forehead against the window, staring out. The glass is covered with elaborate wax patterns.

NASH – I can't see it. There's nothing there.

Nash raps his head on the window, cracking the glass.

CHARLES (OVER) **– Jesus.**

WIDER. Charles is sitting up on the couch, looking sleepy, sheet around his shoulders.

CHARLES – Let's get out of here, go make a bit of trouble, hell, a lot of trouble–

Nash looks up, rivulets of blood running down his forehead. When his VOICE comes now there is a defeat that is chilling.

NASH – I can't fail.

Charles rubs his wrist.

CHARLES – Oh, I know this drill.

NASH – This is all I am.

Nash grabs the end of the desk, starts to pull it away.

NASH – I can't keep staring into space. There's nothing there. No secret whispers, no crystal palace–

Charles grabs his arm, spinning him back towards him.

CHARLES – You want to do some damage, don't fool around[4].

---

1. **accomplishment** [ə'kʌmplɪʃmənt] : 1. (ici) *œuvre, exploit*; 2. *talent*; 3. *réalisation*.

2. **to focus** ['fəʊkəs] : 1. (ici) *se concentrer*; 2. *mettre au point, faire converger*.

3. **to warrant** : 1. (ici) *garantir, assurer, certifier*; 2. *justifier*.

HELINGER – Que voyez-vous ?

NASH – De la reconnaissance.

HELINGER – Essayez d'y voir une œuvre.

NASH – Y a-t-il une différence ?

Helinger se contente de secouer la tête, et le regarde avec tristesse.

HELINGER – Vous ne vous êtes pas appliqué. Je suis désolé, mais jusqu'à présent votre dossier ne vous garantit aucun poste. Bonne journée.

Helinger se dirige vers la salle principale, laissant Nash la regarder.

INT. – CHAMBRE À COUCHER DE NASH – APRÈS-MIDI – HIVER

Nash est debout, le front contre la fenêtre, regardant au-dehors. Le verre est couvert de compliqués motifs de cire.

NASH – Je n'arrive pas à le voir. Il n'y a rien là.

Nash cogne sa tête sur la fenêtre, brisant le verre.

CHARLES – Bon Dieu.

PLAN ÉLARGI. Charles est assis sur le canapé, l'air somnolent, drap sur l'épaule.

CHARLES – Sortons d'ici, sortons mettre la pagaille, bon Dieu, une grosse pagaille.

Nash lève les yeux, des filets de sang coulant de son front. Quand sa VOIX sort, il en émane un sentiment d'échec qui donne des frissons.

NASH – Je ne peux pas échouer.

Charles frotte son poignet.

CHARLES – Oh je sais ce qu'il faut faire.

NASH – C'est tout ce que je suis.

Nash agrippe le bout du bureau, commence à le tirer.

NASH – Je ne peux pas continuer à regarder dans l'espace. Il n'y a rien là. Pas de murmures secrets, pas de palais de cristal.

Charles attrape son bras, le retournant vers lui.

CHARLES – Tu veux faire du dégât, ne fais pas l'imbécile.

---

4. **to fool around** : *faire le pitre, faire l'imbécile* ; **to fool** : 1. *duper, berner* ; 2. *traiter à la légère.*

John pulls away from Charles, grabs the desk again, begins dragging it away from the window.

NASH – I will face the wall. I'll read their books, attend their classes–

Charles crosses as Nash continues dragging the desk.

CHARLES – Come on now. You wanted to break your head open, then do it.

And Charles shoves him, hard, in the chest.

CHARLES – Break it. (shoves him harder) **Go on!** (harder still) **Bust that worthless egg wide open.**

One final shove. And this time, Nash shoves back. Hard. Sending Charles SLAMMING into the wall.

NASH – Godammit, Charles, what the hell is your problem–

Nash stands over him. Furious. Ready to fight.

CHARLES – Not my problem my friend...

As Charles stands now, he is grinning.

CHARLES – Not your problem...

Charles grabs the end of the desk.

CHARLES – Their problem.

Charles begins shoving the desk towards the window. The desk HITS and SMASHES through the glass.

EXT. – DORM ROOM – LATE AFTERNOON – WINTER

The desk blows through the window, tumbling two stories to the snowy ground in an EXPLOSION of wood and floating paper. Nash leans out, looking down at the twirling star of still settling debris.

INT. – DORM ROOM

Nash pulls his head inside, stares at Charles, blown out by sun.

CHARLES – Heavy.

Nash nods, can't help a shocked grin.

CHARLES – Isaac Newton[1] was right.

---

1. **Sir Isaac Newton** (1643-1727) : savant anglais aux multiples talents – physicien, mathématicien, astronome, alchimiste, théologien –, connu en particulier comme fondateur de la mécanique classique et pour sa théorie de la gravitation universelle.

John se dégage de Charles, agrippe à nouveau le bureau, commence à l'éloigner de la fenêtre.

NASH – Je ferai face au mur. Je lirai leurs livres, j'assisterai à leurs cours.

Charles traverse alors que Nash continue à tirer le bureau.

CHARLES – Allons, maintenant. Tu voulais t'exploser le crâne, alors, vas-y.

Et Charles le pousse, fortement, dans le bureau.

CHARLES – Brise-le. (Il le pousse plus fort.) **Vas-y !** (encore plus fort) **Bousille et ouvre grand cet œuf inutile.**

Une poussée finale. À ce moment, Nash repousse. Fort. Envoyant Charles S'ÉCRASER contre le mur.

NASH – Bordel de Dieu, Charles, quel est ton foutu problème ?

Nash est debout sur lui. Furieux. Prêt à se battre.

CHARLES – Pas mon problème, mon ami...

Alors que Charles est maintenant debout, il grimace un sourire.

CHARLES – Pas ton problème...

Charles attrape le bout du bureau.

CHARLES – Leur problème.

Charles commence à pousser le bureau vers la fenêtre. Le bureau HEURTE la fenêtre qu'il traverse en la FRACASSANT.

EXT. – CHAMBRE À COUCHER – TARD DANS L'APRÈS-MIDI – HIVER

Le bureau s'envole par la fenêtre, dégringolant deux étages jusqu'au sol enneigé dans une EXPLOSION de bois et de papier flottant. Nash se penche au-dehors, regardant l'étoile tournoyante de débris encore en train de se déposer.

INT. – CHAMBRE À COUCHER

Nash passe la tête à l'intérieur, fixe Charles, écrasé de soleil.

CHARLES – Lourd.

Nash acquiesce, ne peut empêcher un sourire masqué.

CHARLES – Isaac Newton avait raison.

NASH – He was on to something.

And with that, both boys burst into LAUGHTER. Then Charles looks at Nash.

CHARLES – Your answer isn't, face the wall. It's not in their books and classes.

Charles gestures out the broken window.

CHARLES – It's out there, where you've been looking. When they tell you to look away, you've just got to look closer. Do you understand?

NASH – You're kind of strange, aren't you?

CHARLES – Coming from you, do you have any idea how much that scares me?

INT. – OLD HOME BAR – NIGHT – WINTER

(OVER) Sinatra on the juke. John sits at table strewn with books, drawing Escher[1]-like patterns on endless cocktail napkins. Hansen, Sol, Bender and Ainsley play pool.

BENDER – Nash looks a little down[2]. I think he's still mourning.

SOL – That desk was so young, so full of promise.

AINSLEY – Incoming.

Ainsley is gesturing to the door. About six women have entered. Well, five and one. The BLOND in the lead[3] is simply, perfect.

PAN ACROSS the guys' stunned faces.

HANSEN – With me.

FAVOR the boys as they follow Hansen to Nash's table, a better vantage point from which to ogle the now sitting girls.

NASH – I'm still not buying the beer– (follows their gaze) **Oh.** (off the blond) **Does anyone else feel like she should be moving in slow motion?**

HANSEN – I'm going to get her a drink.

NASH – That's highly original.

BENDER – Will she want a large wedding?

---

1. **Maurits Cornelis Escher** (1898-1972) : graveur hollandais célèbre pour ses lithographies représentant des constructions complexes, à composante mathématique, boucles et escaliers infinis, jeux d'ombre et de lumières.

NASH – Il était dans le vrai pour quelque chose.

Et sur ce, les deux garçons éclatent de RIRE. Puis Charles regarde Nash.

CHARLES – Ta réponse ne l'est pas, tu es au pied du mur. Ce n'est pas dans leurs livres et dans leurs cours.

Charles fait un geste en dehors de la fenêtre brisée.

CHARLES – C'est là, où tu regardais. Quand ils te disent de tourner les yeux, tu as juste à regarder plus près. Tu comprends ?

NASH – Tu es quelqu'un de bizarre, hein ?

CHARLES – Venant de toi, as-tu idée à quel point cela me fait peur ?

INT. – OLD HOME BAR – NUIT – HIVER

(OFF) Sinatra dans le juke-box. John est assis à une table jonchée de livres, de motifs du genre des dessins d'Escher sur d'interminables serviettes de cocktail. Hansen, Sol, Bender, et Ainsley jouent au billard.

BENDER – Nash a l'air un peu abattu. Je crois qu'il est encore en deuil.

SOL – Ce bureau était si jeune, si plein de promesses.

AINSLEY – Une arrivante.

Ainsley désigne la porte. Environ six femmes sont entrées. En fait, cinq et une. La BLONDE en tête est simplement parfaite.

PANORAMIQUE SUR les visages stupéfaits des gars.

HANSEN – Avec moi.

FAVORISANT les garçons alors qu'ils suivent Hansen jusqu'à la table de Nash, un endroit privilégié pour lorgner les deux filles assises.

NASH – Je ne paie toujours pas la bière (il suit leur regard). **Oh.** (en dehors de la blonde) **Est-ce que quelqu'un d'autre a envie de la voir avancer au ralenti ?**

HANSEN – Je vais lui offrir un verre.

NASH – C'est extrêmement original.

BENDER – Est-ce qu'elle voudra un grand mariage ?

---

2. **down** adj. : *déprimé, abattu.*

3. **lead** : 1. (ici) *premier rôle, en tête* ; 2. *gros titre* ; 3. *initiative.*

AINSLEY – One beauty, too many suitors[1].

SOL – Swords, gentlemen? Pistols at dawn?

Already a few beers to the wind, Hansen TAPS the book John was reading. Studies in Modern Economics.

HANSEN – Have you learned nothing gentlemen? Remember the benevolent hand of your pater familias. Recall the lesson of Adam Smith, the father of modern economics.

SOL (by route) **– In competition, individual ambition serves the common good.**

AINSLEY – Every man for himself.

BENDER – Those who strike out end up with her friends.

John nods. Then his gaze fixes on the girls.

SOL – She's looking over. I think she's looking at Nash.

HANSEN – He may have the advantage now. But wait until he opens his mouth.

NASH – Adam Smith[2] was wrong.

HANSEN – What are you talking about?

NASH-POV. The girls' table grows dark, only the blond girl highlighted, moving into the foreground.

NASH (OVER) **– If everyone competes for the blond...**

NASH-POV. Images of all the boys surround the blond, then blow apart like fragments of glass, leaving the blond standing alone.

NASH (OVER) **– ... We block each other and no one gets her.**

NASH-POV. The other girls rise into the foreground, images of our boys pairing off with them.

NASH (OVER) **... So then we go for her friends...**

NASH-POV. All the other girls suddenly go dark, leaving our group standing alone.

NASH (OVER) **... But they give us the cold shoulder[3], because no one likes to be second choice. Again, no winner.**

---

1. **suitor** ['sjuːtəʳ] : 1. (ici) *soupirant* ; 2. *plaignant.*

2. **Adam Smith** (1723-1790) : économiste et philosophe écossais ; considéré comme un fondateur de la science économique et du libéralisme économique avec son ouvrage, ***La richesse des nations*** (1776), controversé de nos jours.

3. m. à m. : *donner l'épaule froide*, expression signifiant *battre froid, snober.*

AINSLEY – Une beauté, trop de soupirants.

SOL – Épées, messieurs, ou pistolets à l'aube ?

Déjà quelques bières avalées, Hansen TAPE sur le livre que John était en train de lire. Études en Économie moderne.

HANSEN – N'avez-vous rien appris messieurs ? Souvenez-vous de la main bienveillante de votre pater familias. Rappelez-vous la leçon d'Adam Smith, le père de l'économie moderne.

SOL – (par cœur) **Dans la concurrence, l'ambition individuelle œuvre pour le bien commun.**

AINSLEY – Chacun pour soi.

BENDER – Ceux qui sont éliminés termineront avec ses copines.

John acquiesce. Puis son regard se fixe sur les filles.

SOL – Elle regarde par ici. Je crois qu'elle regarde Nash.

HANSEN – Il a peut-être l'avantage maintenant. Mais attendez qu'il ouvre la bouche.

NASH – Adam Smith avait tort.

HANSEN – De quoi parles-tu ?

(*POINT DE VUE DE NASH*) *La table des filles devient sombre, seule la blonde est mise en relief, s'avançant au premier plan.*

NASH (OFF) **– Si chacun rivalise pour la blonde...**

(*POINT DE VUE DE NASH*) *Images de tous les garçons, entourant la blonde, puis se dispersant comme des fragments de verre, laissant la blonde debout seule.*

NASH – ... On se fait obstruction entre nous, et personne ne l'aura.

(*POINT DE VUE DE NASH*) *Les autres filles montent au premier plan, images de nos gars se répartissant en couples avec elles.*

NASH (OFF) **– ... Alors allons-y pour ses copines...**

(*POINT DE VUE DE NASH*) *Toutes les autres filles s'assombrissent laissant notre groupe, debout, seul.*

NASH (OFF) **– ... Mais elles nous snobent, parce que personne n'aime être le second choix. De nouveau, pas de gagnant.**

NASH-POV. The blond girl goes dark.

NASH (OVER)... **But what if none of us go for the blond...**

NASH-POV. Now images of the boys pair up with the remaining girls.

NASH... We don't get in each other's way, we don't insult the other girls.

NASH-POV. The world goes dark except for the couples who twirl like a mobile of arabesques in a victorious swirl.

NASH (OVER) **That's the only way we win. That's the only way we all get laid[1].**

All are staring at him.

NASH – Adam Smith said the best outcome for the group comes from everyone trying to do what's best for himself. Incorrect. The best outcome results from everyone trying to do what's best for himself and the group.

HANSEN – Nash, id this is some plan for you to get the blond alone...

NASH – Governing dynamics gentlemen. Adam Smith was wrong.

And with that, Nash rises and heads off across the bar. Hansen stares after him, face darkening with concern.

SOL – Could he be weirder[2]?

The Blond looks up at Nash as he approaches, hopeful, but he just blows by her, heading for the door. The guys sit, silent.

SOL – What the hell?

BENDER – I'm game[3].

They all rise and make for the girls.

CUT TO –

SYMBOLS being furiously wrought on a legal pad. PULL BACK...

---

1. **get laid** : 1. *s'envoyer en l'air*, donc ici *s'en faire une* ; 2. (US) *se faire baiser.*

2. **weird** : 1. (ici) *bizarre, étrange* ; 2. *mystérieux, surnaturel.*

3. **game** (adj.) : 1. (ici) *partant, prêt* ; 2. *courageux, brave* ; 3. *estropié.*

(*POINT DE VUE DE NASH*) *La blonde s'assombrit.*

NASH (OFF)... **Mais si aucun de nous n'attaque la blonde...**
(*POINT DE VUE DE NASH*) *Maintenant : images des garçons qui se répartissent en couples avec les filles qui restent.*

NASH – ... Nous ne nous marchons pas sur les pieds, nous n'insultons pas les autres filles.
(*POINT DE VUE DE NASH*) *Le monde extérieur s'assombrit sauf les couples qui tournoient tel un mobile d'arabesque tourbillonnant victorieusement.*

NASH (OFF) – **C'est la seule façon de gagner. C'est la seule façon pour nous de s'en faire une.**
Tous le fixent du regard.

NASH – Adam Smith disait que le meilleur résultat pour le groupe, c'est quand chacun essaie de faire ce qu'il y a de mieux pour soi-même. Inexact. Le meilleur résultat résulte de ce que chacun essaie de faire ce qu'il y a de mieux pour lui-même et pour le groupe.

HANSEN – Nash, si c'est là un plan pour que tu aies la blonde pour toi seul...

NASH – C'est la dynamique qui commande, messieurs. Adam Smith avait tort.
Et sur ce, Nash se lève et se recule de l'autre côté du bar. Hansen le suit du regard, le visage assombri et préoccupé.

SOL – Pourrait-il être plus étrange ?
La blonde lève les yeux sur Nash alors qu'il s'approche, pleine d'espoir, mais il ne fait que passer devant elle, se dirigeant vers la porte. Les gars sont assis, silencieux.

SOL – C'est quoi, cette histoire ?

BENDER – Je suis partant.
Ils se lèvent tous et se dirigent vers les filles.

CHANGEMENT DE SÉQUENCE VERS DES SYMBOLES nerveusement gravés sur un bloc-notes. TRAVELLING ARRIÈRE...

INT. – NASH'S DORM ROOM – DAWN – WINTER

Nash sits over his desk working. The room looks like a tornado hit. Open books, cut up math journals. PULL OUT...

EXT. – NASH'S DORM – ACCELERATED TIME

Within the window, time passes normally, Nash continuing to work. Outside, snow covers the building, then melts[1] and tendrils of ivy snake up the concrete façade and bloom, all while Nash works on.

INT. – HELINGER'S OFFICE – DAY – SPRING – 1949

Helinger sits across the desk from Nash, holding Nash's handwritten paper in his hand.

HELINGER – And you came up with this on a dating excursion?

NASH – Well, it was either mathematics or another bag of pretzels.

HELINGER – You do realize this flies in the face of one hundred and fifty years of economic theory?

NASH – That I do, sir.

HELINGER – And that it is rather presumptuous, don't you think?

NASH – Yes, it is sir.

Helinger stares at the young man.

HELINGER – Well, Mr. Nash, I have to admit the work is good.

NASH – Good?

HELINGER – All right, more than good. It may be the single most important work on competitive bargaining[2] I have ever seen.

Helinger drops the paper on his desk.

---

1. **to melt** : 1. (ici) *fondre, disparaître, s'évaporer* ; *fondre.*
2. **bargaining** : *négociations, marchandage.*

INT. – CHAMBRE DE NASH – AUBE – HIVER

Nash travaille, assis à son bureau. La chambre semble avoir été frappée par une tornade. Livres ouverts, coupures de revues de mathématiques. TRAVELLING EXT...

EXT. – CHAMBRE DE NASH – ACCÉLÉRÉ

À l'intérieur de la fenêtre, le temps passe normalement, Nash continuant à travailler. Au-dehors, la neige recouvre le bâtiment, puis fond et des vrilles de lierre serpentent sur la façade de béton et fleurissent, le tout pendant que Nash travaille.

INT. – BUREAU DE HELINGER – JOUR – PRINTEMPS – 1949

Helinger est assis de l'autre côté du bureau de Nash, tenant à la main un texte écrit de Nash.

HELINGER – Et vous avez trouvé lors d'une sortie avec des amies ?

NASH – Bien, c'était ou des maths ou un autre paquet de bretzels.

HELINGER – Est-ce que vous vous rendez compte que ceci va à l'encontre de cent cinquante ans de théories économiques.

NASH – Oui, je m'en rends compte, monsieur.

HELINGER – Et que c'est plutôt présomptueux, ne pensez-vous pas ?

NASH – Oui, ça l'est, monsieur.

Helinger dévisage le jeune homme.

HELINGER – Eh bien, monsieur Nash, il me faut admettre que ce travail est bon.

NASH – Bon ?

HELINGER – Bien, mieux que bon. C'est peut-être le seul et unique plus important travail sur la compétitivité dans les négociations que j'aie jamais vu.

Helinger dépose le texte sur son bureau.

HELINGER – Well, it appears you'll get any placement you like, Mr. Nash.

Nash glances up. Charles stands in the hallway through the slightly open door. Nash gives a small nod. Charles grins.

HELINGER – Most of the top programs will ask you to recommend two team members. Stills and Frank are excellent choices–

NASH – ... I'll take Sol and Bender, sir.

HELINGER – Sol and Bender – Sol and Bender are extraordinary mathematicians. Has it occurred to[1] you, Mr. Nash, that Sol and Bender might have plans of their own?

Nash just smiles.

INT. OLD HOME BAR – SPRING – DAY

Sol and Bender, arms around two coeds from the bar, POP champagne bottles as STUDENTS congratulate

BENDER – Okay, awkward[2] moment...

Another figure steps from the crowd. Nash walks right up to Hansen, stands facing him now, too close. Holds his eyes.

Then Nash reaches forward and simply fingers Hansen's lapel, an echo of Hansen's taunt[3] at the reception. A beat. Endless.

Finally, Hansen offers the slightest of bows and, then, a wry, grudging smile. More WHOOPS as celebration resumes.

Nash notices a broken ashtray on the bar. He lifts a coaster[4], turns it, once, twice, then drops it over the ashtray, making a five-pointed shape...

---

1. **to occur to** [ə'kɜːʳ] : 1. (ici) *venir à l'esprit* ; 2. **to occur** (sans la postposition **to**) : *arriver, avoir lieu, se produire* ; 3. *se trouver, se rencontrer.*

2. **awkward** ['ɔːkwəʳd] : 1. (ici) *délicat, gênant* ; 2. *maladroit, gauche, embarrassé* ; 3. *gêné, ennuyé.*

3. **taunt** : 1. (n.) *railleries, sarcasmes* ; 2. (v.) **to taunt** ; *railler, tourner en ridicule, persifler.*

4. **coaster** : 1. (ici) *dessous de verre* ; *présentoir à bouteilles* ; 2. *caboteur.*

HELINGER – Ma foi, il semble que vous obtiendrez tout poste que vous souhaitez.

Nash lève les yeux. Charles est debout dans le couloir en travers de la porte entrouverte. Nash adresse un petit signe de tête. Charles grimace un sourire.

HELINGER – La plupart des programmes avancés vous demanderont de recommander deux coéquipiers. Stills et Frank sont d'excellents choix.

NASH – Je prendrai Sol et Bender.

HELINGER – Sol et Bender sont d'extraordinaires mathématiciens. Vous est-il venu à l'idée, monsieur Nash, que Sol et Bender pourraient avoir des projets personnels ?

Nash se contente de sourire.

INT. – OLD HOME BAR – PRINTEMPS – JOUR

Sol et Bender, les bras entourant deux étudiantes du bar, FONT SAUTER un bouchon de champagne tandis que les ÉTUDIANTS les félicitent.

BENDER – **Bien, moment délicat...**

Une autre silhouette se détache de la foule, Nash se dirige droit jusqu'à Hansen, se tient debout face à lui maintenant, trop près. Soutient son regard.

Puis Nash s'avance et tâte du doigt le revers de Hansen, faisant écho à la raillerie de Hansen lors de la réception. Une pause. Interminable. Finalement, Hansen offre un salut des plus léger et, à contrecœur, un sourire ironique. Plus d'ACCLAMATIONS alors que la fête reprend.

Nash remarque un cendrier cassé sur le bar. Il soulève un dessous de verre, le retourne, une fois, deux fois, puis le dépose sur le cendrier, obtenant une forme à cinq angles...

DISSOLVE TO:

EXT. – THE PENTAGON[1] – WASHINGTON DC[2] – DAY – 1953

Sun breaks on the monolithic stone building.

CAPTAIN (OVER) – **General, the analyst from Wheeler Lab is here.**

INT. – THE PENTAGON – WAR ROOM – DAY

Lit map boards of the cold war globe. The hulking behemoths of early IBM computers. A GENERAL stands with two TECHNICIANS and a senior ANALYST before a wall, papered with sheets of numbers.

GENERAL – Show him in.

A CAPTAIN hits a button. A red wall light goes green. A MAN in a raincoat ENTERS, face obscured by the shadow of his hat.

CAPTAIN – General, this is Wheeler team leader...

The Man removes his hat to reveal...

CAPTAIN – ... Dr. John Nash.

Razor cool, perfectly comfortable in his own skin. Four years since we have seen him.

GENERAL – Glad you could come, Doctor.

Nash nods. Hands his overcoat to a technician. He is wearing a slim black suit and tie. The General nods to the Analyst.

ANALYST – We have been intercepting radio transmissions from Moscow.

GENERAL – The computer can't detect a pattern. But I'm sure it's code.

NASH – Why is that, General?

GENERAL – Ever just know something, Dr Nash?

Nash smiles.

---

1. **Pentagone** : bâtiment en forme de pentagone abritant le ministère de la Défense des États-Unis. Inauguré en 1943, c'est le plus vaste immeuble de bureaux au monde. Près de 30 000 personnes, civiles et militaires, y travaillent.

2. **Washington DC (District de Columbia)** : capitale fédérale des États-Unis, abrite les grandes institutions américaines : *la Maison Blanche, le Capitole* (siège du *Congrès* – avec ses deux Chambres : *Sénat* et *Représentants,* de la *Cour Suprême*, et de la **Fed,** *Réserve fédérale des*

FONDU ENCHAÎNÉ SUR :

EXT. – THE PENTAGON – WASHINGTON DC – JOUR – 1953

Le soleil frappe le bâtiment monolithique en pierre.

CAPITAINE (OFF) – **Général, l'analyste du labo Wheeler est là.**

INT. – SALLE DES OPÉRATIONS DE GUERRE DU PENTAGONE – JOUR

Posées sur des tableaux lumineux, des cartes de la guerre froide dans le monde. Les monstres imposants des premiers ordinateurs IBM. Un GÉNÉRAL est debout avec deux TECHNICIENS et un ANALYSTE de grade supérieur devant un mur tapissé de feuilles avec des nombres.

GÉNÉRAL – Faites-le entrer.

Un CAPITAINE presse un bouton. Une lumière rouge du mur passe au vert. UN HOMME en imperméable ENTRE, le visage obscurci par l'ombre de son chapeau.

CAPITAINE – Voici le responsable de l'équipe Wheeler...

L'homme enlève son chapeau pour révéler...

CAPITAINE – ... Le Dr John Nash.

Plutôt décontracté, tout à fait à l'aise dans sa propre peau. Quatre années depuis que nous l'avons vu.

GÉNÉRAL – Heureux que vous ayez pu venir, docteur.

Nash incline la tête. Tend son manteau à un technicien. Il porte un costume ajusté noir et une cravate. Le général incline la tête vers l'analyste.

ANALYSTE – Nous avons intercepté des transmissions radio de Moscou.

GÉNÉRAL – L'ordinateur ne peut détecter aucune configuration. Mais je suis sûr que c'est un code.

NASH – Pourquoi cela, Général ?

GÉNÉRAL – Vous arrive-t-il de sentir les choses, docteur Nash ?

Nash sourit.

États-Unis. Son plan est l'œuvre de l'architecte français ***Pierre Charles L'Enfant***, qui remporta un concours au XVIIIe siècle pour le concevoir.

NASH – Constantly.

Nash moves to the wall papered with code.

GENERAL – We have developed several ciphers...

But Nash just walks away from the officer. He stands facing the wall, staring at the numbers.

PUSH IN ON Nash's eyes. In the black ocean of his pupils, the reflected rows of code begin to move, forming shifting patterns.

PULL BACK ON Nash, still staring at the wall. Hours have passed, folks sitting, jackets hanging on chair backs, coffee cups empty.

NASH-POV. Series of numbers darken as others rise, a cascade of rapidly changing patterns, endless permutations until...

NASH – There.

Nash pulls a pencil from his pocket, begins writing numbers on his clipboard. All stare.

NASH – I need a map. North America I think.

The General and the Analyst exchange a look. The General nods and the Captain illuminates a map Board of North America.

NASH – Starkey Corners, Maine. 48, 03, 01, North. 91, 26, 35, West. Prairie Portage, Minnesota. These are longitudes and latitudes.

Nash is already marking the map board.

NASH – These are at least ten others. They appear to be routing orders. Ways across the border into the US.

Nash glances upwards. From a glass booth overlooking the room, a MAN is watching him. Fine dark suit. Thin tie. WILLIAM PARCHER.

NASH – Who's Big Brother[1]?

GENERAL – Excuse me?

But when Nash looks up again, the booth is empty. The man has gone.

---

1. **Big Brother** : (m. à m. *Le Grand Frère*) est le personnage du roman ***Nineteen Eighty-Four,*** publié en 1949, de l'écrivain anglais **George Orwell** (1903-1950). Dans l'état imaginaire de ce roman, les habitants sont surveillés en permanence par des écrans omniprésents, dans la rue, à leur domicile, dans leur travail, avec, sur ces écrans, l'image d'un homme, le **Grand Frère,** qui les fixe et dit : **Big Brother is watching you,** *le Grand Frère vous regarde.* Cette expression est maintenant utilisée pour évoquer tout ce qui touche à l'atteinte des libertés individuelles.

NASH – Constamment.

Nash se déplace vers le mur tapissé de codes.

GÉNÉRAL – Nous avons mis au point plusieurs codes secrets...

Mais Nash s'éloigne juste de l'officier. Il se tient debout face au mur, fixant les nombres.

TRAVELLING SUR Nash, fixant encore le mur. Des heures ont passé, les hommes assis, vestes accrochées au dos des chaises, tasses de café vides.

POINT DE VUE DE NASH. Des séries de nombres s'assombrissent alors que d'autres s'élèvent, une cascade de motifs changeants, d'interminables permutations, jusqu'à...

NASH – Là.

Nash sort un crayon de sa poche, commence à écrire des nombres sur son bloc. Tous le fixent.

NASH – J'ai besoin d'une carte. L'Amérique du Nord, je pense.

Le général et l'analyste échangent un regard. Le général fait un signe de tête et le capitaine allume un tableau lumineux où est posée une carte de l'Amérique du Nord.

NASH – Starkey Corners, Maine. 48, 03, 01, Nord. 91, 26, 35, Ouest. Prairie Portage, Minnesota. Ce sont des longitudes et des latitudes.

Nash est déjà en train de marquer la carte.

NASH – Il y en a au moins dix autres. Cela semble être des ordres de routage. Des chemins pour infiltrer nos frontières à l'intérieur des États-Unis.

Nash lève les yeux. D'une cabine en verre surplombant la pièce, un HOMME est en train de le regarder. Élégant costume noir. Fine cravate. WILLIAM PARCHER ;

NASH – Qui est Big Brother ?

GÉNÉRAL – Pardon ?

Mais quand Nash lève à nouveau les yeux, la cabine est vide. L'homme a disparu.

NASH – What are the Russians moving, General?

But the General just claps his shoulder, already turning away.

GENERAL (dismissive) – **You've done your country a great service, son.**

The men begin tearing down the sheets of code from the wall.

EXT. – MIT CAMPUS – CAMBRIDGE – AFTERNOON – SUMMER

A black sedan is waved through a checkpoint by two uniformed soldiers. The car passes through the gate into...

EXT. – MIT – WHEELER LAB COMPOUND – AFTERNOON

High fences. A section of building that essentially comprise a small military base in the center of MIT's campus.

Nash emerges from the car, past scholars and military personnel. Vanishes into a large, single story building. Wheeler headquarters.

INT. – MIT – WHEELER HEADQUARTERS – WALKING

Bustling. And hot. Nash is walking down a long, sun-lit corridor. A fellow falls into step with him. It's Sol.

SOL – Home run[1] at the Pentagon.

NASH – Have they actually taken the word classified out of the dictionary?

SOL – Please. This is the military. The only place information travels faster is high school

NASH – Sol, how about you call me chief or boss or something?

SOL – How about you blow[2] yourself?

NASH – That's what I figured.

---

1. **home run** (US) : terme employé au base-ball pour désigner un coup particulièrement réussi qui permet au « batteur » de regagner sa base sans problèmes.

2. **to blow** (argot) : 1. (ici, vulg) *sucer, faire une pipe* ; 2. *se barrer* ; 3. *rater, se planter* ; 4. *fumer un joint.*

NASH – Qu'est que les Russes déplacent, général ?
Mais le général lui tape juste l'épaule, prenant déjà congé.
GÉNÉRAL (d'un ton sans appel) **– Vous avez rendu un grand service à votre pays, fiston.**
Les hommes commencent à déchirer les feuilles de code du mur.

EXT. – CAMPUS DU MIT – CAMBRIDGE – APRÈS-MIDI – COUCHER DE SOLEIL

Deux soldats en uniforme font signe à une berline noire de passer le poste de contrôle. La voiture passe sous la barrière dans...

EXT. – MIT – ENCEINTE DU LABO WHEELER – APRÈS MIDI

Hautes clôtures. Un ensemble de bâtiments qui comprennent essentiellement une petite base militaire au milieu du campus du MIT. Nash émerge de la voiture, devant les universitaires et le personnel militaire. Disparaît dans un grand immeuble d'un étage. Le quartier général de Wheeler.

INT. – QUARTIER GÉNÉRAL DE WHEELER – MARCHANT

Agitation. Et chaleur. Nash marche dans un long couloir baigné de soleil. Un type lui emboîte le pas. C'est Sol.
SOL – Dernière étape au Pentagone.
NASH – Est-ce qu'ils ont vraiment retiré le mot confidentiel du dictionnaire ?
SOL – S'il te plaît. On est chez les militaires. Le seul endroit où l'information circule plus vite, c'est le lycée.
NASH – Sol, et si tu m'appelais chef ou patron, ou quelque chose dans ce genre ?
SOL – Et si tu allais te faire voir ?
NASH – C'est ce que je pensais.

Nash strips off his jacket. Another figure falls into step with them, a file folder in his hand. Bender.

BENDER – Air conditioning broke again.

NASH – Exactly how am I supposed to save the world if I am melting in here?

INT. – MIT – WHEELER HEADQUARTERS – NASH'S OFFICE

Large. Sunlit. Walls covered with mathematical symbols, technical schematics. Nash peels off his shirt, leaving only his T.

NASH – Only two trips to The Pentagon in four years.

SOL – That's two more than we've had.

BENDER (hands Nash a file) **– It gets better. I've reviewed our scintillating new assignment.**

NASH – Moscow has the H-bomb. The Nazis are repatriating South America. China has a standing army of 2.8 million... (slaps the file on the desk) **And we're doing stress tests for a new dam.**

Nash begins rifling his mail. A letter to Charles Herman at Cambridge University. Stamped – Return To Sender – Address Unknown.

BENDER – You made the cover of *Fortune*[1]. Again.

SOL – Please note the use of your not we.

FORTUNE – CLOSE. Nash lifts the magazine from his mail pile. The cover heads reads, America's Geniuses. Four portraits. John looks pissed.

NASH – It was supposed to be just me. First, they rob me of the Fields Medal[2] and now I have to share the cover with these hacks, these scholars of trivia.

BENDER – John, exactly what's the difference between genius and most genius?

NASH – Quite a lot, actually.

SOL (rolling his eyes) **– He's your son.**

---

1. ***Fortune*** [ˈfɔːʳtjuːn, ˈfɔːʳtʃən] : magazine US crée en 1930 et consacré à l'économie.

2. **Fields Medal** : la médaille Fields est l'équivalent pour les travaux mathématiques du prix Nobel (voir p. 214). Elle doit son nom à **John Charles Fields** (1863-1932), qui proposa cette idée en 1923 et légua ses

Nash enlève sa veste. Une autre silhouette leur emboîte le pas, un porte-document en main. Bender.

BENDER – L'air conditionné encore en panne.

NASH – Comment au juste suis-je censé sauver le monde si je crève de chaud ici ?

INT – MIT – QUARTIER GÉNÉRAL DE WHEELER – BUREAU DE NASH

Grand. Ensoleillé. Murs couverts de symboles mathématiques, de schémas techniques. Nash enlève sa chemise, ne gardant que son maillot de corps.

NASH – Seulement deux voyages au Pentagone en quatre jours.

SOL – C'est deux de plus que ce que nous avons eu.

BENDER – (tend un dossier à Nash) **Ça s'améliore. J'ai examiné notre brillante nouvelle mission.**

NASH – Moscou a la bombe H. Les nazis s'expatrient en Amérique du Sud. La Chine a une armée permanente de 2,8 millions... (claque le dossier sur le bureau) **Et nous faisons des tests de résistance pour un nouveau barrage.**

Nash commence à feuilleter son courrier. Une lettre à Charles Herman à l'université de Cambridge. Oblitérée : Retour à l'Envoyeur – Adresse inconnue.

BENDER – Tu as fait la couverture de *Fortune*. À nouveau.

SOL – Note, s'il te plaît, l'usage de tu, pas de nous.

FORTUNE – PLAN RAPPROCHÉ. Nash enlève le magazine de sa pile de courrier. La couverture annonce : Les Génies de l'Amérique. Quatre portraits. John a l'air en rogne.

NASH – J'étais censé être le seul. D'abord ils me privent de la médaille Fields, et maintenant je dois partager la couverture avec ces écrivaillons, ces spécialistes en futilités.

BENDER – John, quelle est exactement la différence entre génie et génie supérieur.

NASH – Énorme à vrai dire.

SOL – (roulant des yeux) **Voici ton bébé.**

---

biens pour financer cette médaille, qui fut créée en 1936. Les lauréats reçoivent une médaille et l'équivalent de 10 000 euros. Sur les 52 médailles – décernées tous les quatre ans – depuis 1936, 11 ont été attribuées à des lauréats français.

Bender pulls something from the mail pile. Tears off the paper wrapper. It's a brand new textbook.

BENDER – Anyway, you've got ten minutes.

NASH – I've always got ten minutes.

SOL – Before your new class.

NASH – CLOSE. Actually pales.

NASH – Can't I get a note from a doctor?

BENDER – You are a Doctor. And no. You know the drill. We get facilities...

SOL – MIT[1] gets America's great minds of today teaching America's great minds of tomorrow. Poor bastards.

Sol thrusts the textbook into Nash's arms.

BENDER – Have a nice day at school.

SOL – Bell's ringing.

NASH (heading for the door) **– Screw you both. Really.**

And with that, he's gone.

BENDER – Oh to be a fly on the wall.

CUT TO – A HARD HAT is JACK – HAMMERING[2] one of the cement walkways. DEAFENING. PULL BACK THROUGH A WINDOW TO REVEAL...

INT. – MIT CLASSROOM – AFTERNOON

(OVER) The CONSTRUCTION RACKET. Maybe two dozen grad students sit restlessly at their desks, sweating, fanning themselves, windows open to the meager breeze.

Nash ENTERS in his T-Shirt, tosses the textbook into the trash, then stares out at the class like a soldier eyeing the enemy.

NASH – What the hell is that racket[3]?

Nash begins closing windows, shutting out the CONSTRUCTION NOISE.

---

1. **MIT = Massachusetts Institute of Technology** : créé en 1861 à Cambridge (Massachusetts), avec plus de 1 000 enseignants et plus de 10 000 étudiants, cet établissement, consacré aux sciences, mais également à l'économie, à la philosophie, à la linguistiue et aux sciences politiques, est sans doute le plus avancé du monde. Il compte 72 prix Nobel.

2. **jackhammer** : *marteau-piqueur.*

3. **racket** : 1. (ici) *boucan* ; 2. *escroquerie, trafic, racket* ; 3. *boulot* ; 4. *raquette.*

Bender tire quelque chose de la pile de courrier. Déchire le papier d'emballage. C'est un manuel flambant neuf.

BENDER – En tout cas, tu as dix minutes.

NASH – J'ai toujours dix minutes.

SOL – Avant ton nouveau cours.

NASH – GROS PLAN. En fait, il pâlit.

NASH – Puis-je avoir un mot d'un docteur ?

BENDER – Tu es un docteur. Et non. Tu connais l'exercice... Nous avons les aptitudes...

SOL – Le MIT possède les grands esprits de l'Amérique d'aujourd'hui, enseignant aux grands esprits de l'Amérique de demain. Pauvres cons.

Sol jette le manuel dans les bras de Nash.

BENDER – Amuse-toi bien à l'école.

SOL – La cloche sonne.

NASH – (se dirige vers la porte) **Allez vous faire foutre tous les deux. Vraiment.**

Et sur ce, il s'en va.

BENDER – Oh, être une mouche sur le mur.

PLAN SUR UN OUVRIER DU BÂTIMENT UTILISANT SON MARTEAU-PIQUEUR sur une des allées en ciment. ASSOURDISSANT. TRAVELLING ARRIÈRE À TRAVERS UNE FENÊTRE POUR RÉVÉLER...

INT. – SALLE DE CLASSE DU MIT – APRÈS-MIDI

(OFF) LE BOUCAN DES TRAVAUX. Environ deux douzaines d'étudiants de 3e cycle sont assis nerveusement à leurs bureaux, transpirant, s'éventant, fenêtres ouvertes à la maigre brise.

Nash ENTRE en T-shirt, pousse le manuel dans la poubelle, puis dévisage la classe comme un soldat jaugeant l'ennemi du regard.

NASH – Qu'est-ce que ce foutu boucan ?

Nash commence à fermer les fenêtres, arrêtant le BRUIT DE LA CONSTRUCTION.

STUDENT – Can we leave one open Professor? It's really hot, sir...

Nash has returned to the board.Turns to face the boy who spoke.

NASH – Your comfort[1] comes second to my ability to hear my own voice. Personally, I am certain this class will be a deadly waste of both your, and worse, my time. But, here we are. Attend or not. Complete the assignments at your whim[2]. We begin.

PAN across the stunned faces. A beat. Nash returns to the board.

NASH – This problem should take you several months to solve

Nash trails off. A YOUNG WOMAN has risen. Exquisite. Powerfully intelligent eyes. Moving like water. This is ALICIA LARDE.

NASH – Miss...

She crosses the room, turns now and holds Nash's gaze a beat. Then she pushes open a window.

Folks just stare stunned, as she pokes her head outside, begins TALKING. We hear only random[3] WORDS, then LAUGHTER. THROUGH THE WINDOW. The Construction Workers move off.

See the look she gives him, as stunning as it is impassible. A beat Then Nash offers the barest nod. Turns back to the board.

NASH – As I was saying, this problem will take some of you a few months to solve, some of you the rest of your lives...

PULL BACK over Nash as Alicia continues around the room, opening every window to the breeze.

---

1. **comfort** ['kʌmfəʳt] : 1. (ici) *confort, bien-être* ; 2. *consolation, réconfort.*
2. **whim** : *caprice, fantaisie.*
3. **random** : *aléatoire, fait au hasard.*

ÉTUDIANT – Pouvons-nous laisser une fenêtre ouverte, professeur ? Il fait vraiment chaud, monsieur.

Nash est revenu au tableau. Se retourne pour faire face au garçon qui avait parlé.

NASH – Votre confort vient en second après ma capacité à entendre ma propre voix. Personnellement, je suis certain que ce cours sera une totale perte de temps pour vous, et pire, pour moi. Mais nous sommes là. Suivez ou non. Exécutez votre tâche comme à votre gré. On commence.

PANORAMIQUE sur les visages stupéfaits. Une pause. Nash retourne au tableau.

NASH – Il vous faudrait plusieurs mois pour résoudre ce problème...

Nash ne termine pas sa phrase. UNE JEUNE FEMME S'EST LEVÉE. Exquise. Des yeux particulièrement intelligents. Se déplaçant comme une onde. C'est ALICIA LARDE.

NASH – Mademoiselle...

Elle traverse la pièce, se retourne et soutient le regard de Nash un temps. Puis elle ouvre une fenêtre.

Les étudiants ne font que la fixer, ébahis, alors qu'elle passe la tête au-dehors, commence à PARLER. On entend seulement des MOTS au hasard, puis un RIRE.

À TRAVERS LA FENÊTRE. Les ouvriers du bâtiment s'en vont.

Voyez le regard qu'elle lui lance, aussi renversant qu'il est infranchissable. Une pause. Puis Nash fait un signe de tête des plus discret. Retourne au tableau.

NASH – Comme je le disais, résoudre ce problème prendra quelques mois à certains d'entre vous, à d'autres le reste de leur vie...

TRAVELLING ARRIÈRE sur Nash alors qu'il continue dans la pièce à ouvrir à la brise chaque fenêtre.

EXT. – MIT – WHEELER HEADQUARTERS – NIGHT

Nash is descending the front steps towards the main doors.

VOICE (OVER) – **Professor Nash...**

Standing at the foot of the steps is a single figure. Slim black suit. Thin tie. It takes Nash a beat to recognize him as the man from the Pentagon.

PARCHER – William Parcher. (holds out an ID[1]) **Big Brother at your service.**

Nash inspects the Department of Defense photo and badge, embossed with government seal. Looks up into the most uncanny eyes.

NASH – So, what can I do for the Department of Defense. (wry) **You going to give me a raise?**

EXT. – MIT – WHEELER LAB COMPOUND – NIGHT – WALKING

Parcher is leading Nash away past the main building, deeper into the fenced off military compound.

PARCHER – Impressive work at the Pentagon.

NASH – Yes. It was.

PARCHER – Oppenheimer[2] used to say genius sees the answer before the question.

NASH – You knew Oppenheimer?

PARCHER – His project was under my supervision.

NASH – Which project (eyes widening) **That project?**

Nash stops, impressed. Parcher just shakes his head.

PARCHER – It's not simple, you know.

NASH – You ended the war.

PARCHER – We incinerated two hundred thousand people in a heartbeat.

NASH – Great deeds come at great cost, Mr. Parcher.

Parcher's smile, coming now, is very old.

---

1. **ID** (abr.) : *papiers d'identité* ; *identification.*

2. **Julius Robert Oppenheimer** (1904-1967) : brillant physicien américain, directeur scientifique du projet Manhattan qui prépara la première bombe atomique. Plus tard, il s'opposera au développement de la bombe à

EXT. – MIT – QUARTIER GÉNÉRAL DE WHEELER – NUIT

Nash est en train de descendre les marches de devant vers les portes principales.

VOIX (OFF) – **Professeur Nash...**

Debout au pied des marches se tient une simple silhouette. Costume noir ajusté. Mince cravate. Cela prend un moment à Nash pour le reconnaître comme l'homme du Pentagone.

PARCHER – William Parcher. (Il tend une pièce d'identité.) **Big Brother à votre service.**

Nash inspecte le badge et la photo du ministère de la Défense, estampé du sceau gouvernemental. Dévisage des yeux les plus étranges.

NASH – Alors, que puis-je faire pour le ministère de la Défense ? (ironique) **Vous allez me donner une augmentation ?**

EXT. – MIT – ENCEINTE DU LABO WHEELER – NUIT – EN TRAIN DE MARCHER

PARCHER – Travail impressionnant au Pentagone.

NASH – Oui, ça l'était.

PARCHER – Oppenheimer disait que le génie voit la réponse avant la question.

NASH – Vous connaissiez Oppenheimer ?

PARCHER – Je supervisais son projet.

NASH – Quel projet ? (ses yeux s'écarquillant) **Ce projet ?**

Nash s'arrête, impressionné. Parcher secoue juste la tête.

PARCHER – Ce n'est pas si simple, vous savez.

NASH – Vous avez mis un terme à la guerre.

PARCHER – Nous avons carbonisé deux cent mille personnes le temps d'un battement de cœur.

NASH – Les grandes actions coûtent très cher, monsieur Parcher.

Le sourire de Parcher, qu'il esquisse alors, est celui d'un homme très vieux.

---

hydrogène. Comme de nombreux intellectuels américain, il sera victime de McCarthy (v. p. 76).

PARCHER – Conviction, it turns out, is a luxury of those on the sidelines[1].

William and John approach a guard-post.

NASH (flashing his ID) **– This is a secure area...**

But the guard just salutes and the two walk on, heading deeper into the complex.

PARCHER – They know me. So, no close friends. No family. Why is that, John?

NASH – I like to think I'm a lone wolf. But mostly people just don't like me.

Parcher's LAUGH catches Nash by surprise.

PARCHER – These are endeavors[2] where your lack of personal connection would be considered an advantage.

NASH – And what might those be?

PARCHER – I know these last four years may have seemed... disappointing.

NASH – Two stress fracture assessments, four power grid reviews, and that riveting[3] study on the effects of gum-chewing during combat.

PARCHER – Has it occurred to you John that sometimes the research isn't what we're evaluating. Your life exists on the surface of a mighty ocean. What lies underneath, forces colliding, ready to break the surface at any moment and shatter the calm, that's my world.

NASH – Good speech.

PARCHER – It should be. (sad smile) **I've made it enough times.**

They have come to a row of warehouses at the rear of the compound. All abandoned, paint chipping, windows boarded up.

PARCHER – Ever been here?

NASH – We were told during our initial briefing these warehouses were abandoned.

They have arrived at a warehouse at the end of the row. A uniformed soldier stands guard. He salutes.

---

1. **sidelines** ['saɪdlaɪns] : 1. (ici) *touche, coulisses* ; **to stand on the sidelines,** *ne pas s'en mêler* ; 2. *activité secondaire* ; 3. *ligne de produits secondaires.*

2. **endeavors** [ɪn'devəʳ] (US), **endeavour** (GB) : 1. (ici) *activité* ; 2. plus souvent = *effort.*

PARCHER – La conviction, en fin de compte, est un luxe de ceux qui ne s'engagent pas..

William et John s'approchent d'un poste de garde.

NASH – (éclairant sa pièce d'identité) **C'est une zone sécurisée.**

Mais le garde se contente de les saluer, et les deux avancent, s'enfonçant plus avant dans le complexe.

PARCHER – Ils me connaissent. Donc pas d'amis proches. Pas de famille. Pourquoi cela, John ?

NASH – J'aime penser que je suis un loup solitaire. Mais surtout c'est juste que les gens ne m'aiment pas.

Le RIRE de Parcher prend Nash par surprise.

PARCHER – Il y a des fonctions où votre manque de relation personnelle serait considéré comme un avantage.

NASH – Et que pourraient-elles être ?

PARCHER – Je sais que ces quatre dernières années ont pu paraître... décevantes.

NASH – L'évaluation de deux ruptures de tension, quatre critiques de la grille, et cette fascinante étude des effets de la mastication du chewing-gum pendant les combats.

PARCHER – Vous est-il venu à l'esprit, John, que parfois la recherche n'est pas ce que nous évaluons. Votre vie existe à la surface d'un puissant océan. Ce qui se tient dessous, des forces entrant en collision, prêtes à briser la surface à tout moment et à faire éclater le calme, voilà mon univers.

NASH – Beau discours.

PARCHER – Ça devrait l'être. (sourire triste) **Je l'ai fait assez de fois.**

Ils sont arrivés à une rangée d'entrepôts à l'arrière de l'enceinte, peinture écaillée, fenêtres condamnées.

PARCHER – Jamais venu ici ?

NASH – On nous a dit, pendant notre mise au courant initiale, que ces entrepôts étaient abandonnés.

Ils ont atteint un entrepôt au bout de la rangée. Un soldat en uniforme monte la garde. Il salue.

---

3. **riveting** (US), **rivetting** (GB) : *captivant, fascinant, passionnant* ; **to rivet** : 1. (ici) *fasciner* ; **to be riveted to...** *être rivé, cloué à...* ; 3. *riveter.*

PARCHER – That's not precisely accurate.
The soldier pulls the door open.

INT. – MIT – WHEELER COMPOUND – PARCHER'S WAREHOUSE

Sprawling. White suited technicians scurry back and forth amidst hi-tech computing machines.

NASH – Half this technology is a good ten years off.

Parcher leads Nash through the maze of equipment towards a large glass office.

INT. – PARCHER'S OFFICE

Nash sits across the desk. Photos of Parcher with Roosevelt[1]; with Einstein; in a Colonel's uniform with an allied liberation force at the gates of a concentration camp.

PARCHER (noticing his gaze) – **Dachau[2]. Man is capable of as much atrocity as he has imagination.**

Parcher looks off a beat. Eyes that have seen too much. Then...

PARCHER – By telling you what I am about to tell you I am increasing your security clearance to Top Secret.

Parcher slides a form with a government water across the desk.

PARCHER – Whether or not you agree to assist in this operation, disclosure of secure information can result in imprisonment. Get it?

NASH – What operation?

PARCHER – Please sign.

John signs the form, slides it back. William nods. Then he lifts a small remote control, points it at a blanck TV screen in the wall.

NASH (off the remote) – **Those are a good idea.**

---

1. **Franklin Delano Roosevelt** (1882-1945) : 32e président des États-Unis. Élu quatre fois, mais emporté par la maladie lors de son quatrième mandat. Acteur majeur lors de la Seconde Guerre mondiale, il est, entre autres, l'auteur du **New Deal,** qui remit l'économie en marche après la grande dépression de 1929.

PARCHER – Ce n'est pas précisément exact.

Le soldat ouvre la porte.

INT. – MIT – ENCEINTE WHEELER – ENTREPÔT DE PARCHER

Éparpillés, des techniciens habillés de blanc font des va-et-vient précipités devant des ordinateurs high-tech.

NASH – La moitié de cette technologie est dépassée depuis dix ans.

Parcher conduit Nash à travers le labyrinthe d'équipement vers un grand bureau en verre.

INT. – BUREAU DE PARCHER

Nash est assis en travers du bureau. Photos de Parcher avec Roosevelt ; avec Einstein ; en uniforme de colonel avec les forces alliées de libération aux portes d'un camp de concentration.

PARCHER – (remarquant son regard) **Dachau. L'homme est capable d'autant d'atrocités qu'il a d'imagination.**

Parcher détourne le regard un temps. Ses yeux en ont trop vu. Puis...

PARCHER – En vous disant ce que je suis sur le point de vous dire, j'élève votre habilitation de sécurité à top secret.

Parcher glisse en travers du bureau un formulaire avec un cachet du gouvernement.

PARCHER – Que vous acceptiez ou non d'aider à cette opération, révéler des informations secrètes peut entraîner l'emprisonnement. Compris ?

NASH – Quelle opération ?

PARCHER – Signez, s'il vous plaît.

John signe le formulaire, le retourne. William hoche la tête. Puis il lève une petite télécommande, la dirige vers un écran de télévision vide sur le mur.

NASH – (de la télécommande) **Ce sont de bonnes idées.**

---

2. **Dachau** : camp de concentration tristement célèbre, créé en 1933 par l'Allemagne nazie d'Adolf Hitler, et où furent massacrés et torturés des centaines de milliers d'hommes et de femmes de plus de 30 pays. Libéré par l'armée américaine le 29 avril 1945.

ON SCREEN – A placard reading Eyes Only is replaced by black and whites of a giant factory, US soldiers scattered in every frame.

PARCHER (OVER) – **This factory is in Berlin. We seized it at the end of the war.**

ON SCREEN – Closer shots of large complex production equipment.

PARCHER – Nazi engineers were attempting to build a portable atomic bomb.

NASH – This is simply not possible.

Parcher looks up at John a beat, then back to the screen which now shows a device no larger than a television.

PARCHER – I'm afraid it is. The Soviets reached this facility before we did. We lost the damn thing.

Parcher just stares at him, letting this sink in.

NASH – The routing orders at the Pentagon. They were for this, weren't they?

PARCHER – The Soviets aren't as unified as people believe. A faction of the Red Army calling itself Novaya Svobga – The New Freedom – has control of the bomb and intends to detonate it on U.S soil. Their plan is to incur maximum civilian casualties.

NASH – We've run the simulations. Any domestic strike scenario results in full-scale nuclear war. Why would the Russians want that?

PARCHER – Because they can win.

Simple as that.

PARCHER – New Freedom has sleeper agents here in the U.S. McCarthy[1] **is an idiot. Unfortunately, that doesn't make him wrong. New Freedom is communicating to its agents through codes embedded in periodicals and newspapers. That's where you come in.**

---

1. **Joseph McCarthy** (1908-1957), homme politique américain, d'abord démocrate puis républicain, s'est rendu célèbre par sa campagne contre tous ceux qu'il soupçonnait de sympathie pour les régimes communistes. C'est la période de la chasse aux sorcières, qui obligea de nombreux artistes et intellectuels à quitter les États-Unis (**Charlie Chaplin** entre autres),

SUR L'ÉCRAN – Une pancarte annonçant Seulement les Yeux, est remplacée, en noir et blanc, par une immense usine, des soldats US éparpillés sur chaque cadre.

PARCHER (OFF) – **Cette usine est à Berlin. Nous l'avons prise à la fin de la guerre.**

SUR L'ÉCRAN – Des vues de plus près d'un grand équipement complexe de production.

PARCHER – Les ingénieurs nazis tentaient de fabriquer une bombe atomique portable.

NASH – Ce n'est simplement pas possible.

Parcher lève les yeux un temps sur John, puis retour à l'écran qui maintenant montre un appareil pas plus grand qu'un poste de télévision.

PARCHER – Je crains que cela le soit. Les Soviétiques ont réussi cet équipement avant nous. Nous avons perdu ce foutu truc.

Parcher se contente de l'observer, laissant cela le pénétrer.

NASH – Les ordres de routage au Pentagone. Il s'agissait de ça, n'est-ce pas ?

PARCHER – Les Soviétiques ne sont pas aussi unifiés qu'on le croit. Une faction de l'Armée Rouge se qualifiant elle-même *Novaya Svobga – Nouvelle Liberté* – possède le contrôle de cette bombe et a l'intention de la faire exploser aux États-Unis. Leur plan est de provoquer un maximum de victimes civiles.

NASH – Nous avons opéré des simulations. De tout scénario de frappe domestique résulte une guerre nucléaire totale. Pourquoi les Russes feraient cela ?

PARCHER – Parce qu'ils peuvent gagner.

Aussi simple que cela.

PARCHER – *Nouvelle Liberté* a des agents dormants ici aux États-Unis. McCarthy est un idiot. Malheureusement cela ne veut pas dire qu'il a tort. *Nouvelle Liberté* communique avec ses agents à travers un code intégré dans des périodiques et des journaux. C'est là que vous intervenez.

---

nommée le *maccarthisme*. C'est le président Eisenhower qui amena sa chute et le Sénat qui le censura par 67 voix contre 22. Il mourra en 1957, d'abus d'alcool.

NASH – I'm listening.

PARCHER – You see, John, what distinguishes you is that you are, quite simply, the best natural code breaker I have ever seen.

Nash stares at him.

NASH – Tell me what you want me to do.

INT. – PARCHER'S WAREHOUSE – MOMENTS LATER

Nash and William stand over a monitor manned by technician.

PARCHER – Commit this list of periodicals to memory[1].

John looks at the list. Nods.

PARCHER – Scan[2] each new issue[3]. Find any hidden codes. Decipher them.

DISSOLVE TO –

INT. – PARCHER'S WAREHOUSE – MOMENTS LATER

Parcher stands with John at another work-station. A technician has lowered what appears to be large X-ray machine over his arm.

TECHNICIAN – This may be uncomfortable.

The machine makes contact with John's arm and HISSES.

NASH – What the-?

The technician lifts the machine, shines a black light over John's wrist. In a fresh welt[4] above his wrist we see a series of numbers.

PARCHER – We have implanted a radium diode under your skin. It's perfectly safe. These numbers will change over time. They are access codes to your drop spot. Here is its location...

---

1. **to commit to memory** : *apprendre par cœur* ; **to commit** + complément : *commettre* ; **to commit oneself** : s'engager.

2. **to scan** : 1. (ici) *lire attentivement, fouiller du regard, scruter* ; 2. *lire en diagonale, feuilleter, parcourir* ; 3. *examiner au scanner.*

3. **issue** ['ɪsʃuː, 'ɪsjuː] 1. (ici) *numéro* (journal) ; 2. *question, problème* ; 3. *différent, désaccord* ; 4. *distribution, émission, délivrance* (passeport, etc.) ; 4. *issue, résultat* ; 5. *descendance, héritier, progéniture.*

4. **welt** : 1. (ici) *zébrure* ; 2. *bordure* (vêtement), *trépointe* (chaussure).

NASH – J'écoute.

PARCHER – Vous voyez, John, ce qui vous distingue, c'est que vous êtes, tout à fait simplement, le meilleur briseur de codes que j'aie jamais rencontré.

John le regarde.

NASH – Dites-moi ce que vous voulez que je fasse.

INT. – ENTREPÔT DE PARCHER – QUELQUES INSTANTS PLUS TARD

Nash et William observent un moniteur manipulé par un technicien.

PARCHER – Apprenez par cœur cette liste de périodiques.

John regarde la liste. Hoche la tête.

PARCHER – Analysez chaque nouveau numéro. Repérez tous les codes cachés. Déchiffrez-les.

FONDU SUR :

INT. – ENTREPÔT DE PARCHER – QUELQUES INSTANTS PLUS TARD

Parcher est debout avec John devant un autre poste de travail. Un technicien a baissé sur le bras de John ce qui apparaît comme une grande machine à rayons X.

TECHNICIEN – Ça peut être désagréable.

La machine prend contact et ÉMET UN SIFFLEMENT.

NASH – C'est quoi... ?

Le technicien élève la machine braque une lumière noire sur le poignet de John. Dans une zébrure fraîche au-dessus de son poignet on voit une série de nombres.

PARCHER – Nous avons implanté une diode de radium sous votre peau. C'est parfaitement sûr. Ces nombres changeront au cours du temps. Ce sont des codes d'accès à votre lieu de livraison. Voici son emplacement.

DISSOLVE TO –

EXT. – PARCHER'S WAREHOUSE – SUNSET

John emerges from the door, blinking into the dying light.

PARCHER (OVER) – **You can tell no one of your work. Just proceed with normal life. Avoid new people. And, assume at all times your being watched.**

NASH – So what am I now? A spy?

PULL BACK AND UP over John standing in the courtyard. Alone.

INT. – MIT – WHEELER HEADQUARTERS – NASH'S OFFICE

A *LIFE* MAGAZINE – CLOSE. A PEN ENTERS FRAME circles certain occurences of certain words, then crosses them out. WIDER.

Nash sits behind his desk, pen in hand, the very picture of focused efficiency. (OVER) A KNOCK.

NASH – Come.

Nash looks up to see a figure standing in is his doorway. Alicia, a soldier-escort behind her.

ALICIA – Boy[1], you must really be important.

Nash stares a beat. Then he shakes his head.

NASH – It's all right, Mike.

The soldier tips his hat to Alicia and is gone.

NASH – How did you get in here?

Alicia throws her hair and giggles, the very picture of a sex kitten. Then she brings the intelligence back into her eyes.

ALICIA – Testosterone is a girl's best friend.

Alicia steps into the room.

ALICIA – What are you working on?

NASH – Classified.

ALICIA – Come on. Tell.

---

1. **boy** : interjection, *oh !, dis donc !*

FONDU SUR :

EXT. – ENTREPÔT DE PARCHER – COUCHER DE SOLEIL

John émerge de la porte, clignant des yeux dans lumière qui disparaît.

PARCHER (OFF) – **Vous ne pouvez parler à personne de votre travail. Poursuivez juste votre vie normale. Évitez de nouvelles connaissances. Et prenez conscience qu'à tout moment vous êtes surveillé.**

NASH – Que suis-je maintenant ? Un espion ?

TRAVELINGS ARRIÈRE ET MONTANT sur John debout dans la cours. Seul.

INT. – MIT – QUARTIER GÉNÉRAL DE WHEELER – BUREAU DE NASH

UN EXEMPLAIRE DU MAGAZINE *LIFE* – GROS PLAN. UN STYLO ENTRE DANS LE CADRE, entourant certains mots qui figurent à différents endroits, puis les efface. PLAN ÉLARGI.

Nash est assis derrière son bureau, stylo à la main, l'image même de l'efficacité concentrée. (OFF) On FRAPPE à la porte.

NASH – Entrez

Nash lève les yeux pour voir une silhouette debout dans son entrée. Alicia, escortée par un garde derrière elle.

ALICIA – Dites donc ! Vous devez être vraiment important.

Nash la fixe un moment. Puis il secoue la tête.

NASH – C'est bon, Mike.

Le soldat salue Alicia avec son chapeau et s'en va.

NASH – Comment êtes-vous arrivée ici ?

Alicia remue ses cheveux et glousse, l'image même d'une bombe sexuelle. Puis son intelligence revient dans ses yeux.

ALICIA – La testostérone est la meilleure amie d'une fille.

Alicia pénètre dans la pièce.

ALICIA – Sur quoi travaillez-vous maintenant ?

NASH – Classé secret.

ALICIA – Allons. Dites.

NASH – Ask me again, I get to shoot you.

Alicia can't help but LAUGH.

ALICIA – Everybody waited half an hour.

NASH – For?

ALICIA – Class. You missed class today.

NASH – Ah well, I am confident they did not miss me.

He resumes working. Alicia slides a single page atop his magazine.

ALICIA – The problem you left on the board. I solved it.

Nash barely glances at her paper as he hands it back.

NASH – No. You didn't.

ALICIA – You didn't even look.

NASH – I never said the vector fields were rational functions.

Alicia stares at him. Then looks back at her equation. Frowns.

NASH – (without looking up) **Your solution is elegant though ultimately incorrect.**

Alicia beams. Nash continues to work. She doesn't move.

NASH – You're still here.

ALICIA – I'm still here.

NASH – Why?

ALICIA – I was wondering, Professor Nash, if I could ask you to dinner.

Nash looks up at her. Stunned.

ALICIA – You do[1] eat, don't you?

NASH – On occasion. Table for one. You know how it is. Prometheus[2], chained to the rock, birds circling overhead. No, I expect you wouldn't.

He sizes her up. A long beat, then...

NASH – Leave your address with my office. I'll pick you up Friday at eight. ... We'll eat.

---

1. **do** : l'auxiliaire **do** sert ici à marquer l'insistance.

2. **Prometheus** [prəˈmiːθɪəs] : *Prométhée,* dans la mythologie grecque, est le fils de Titan. On lui attribue la création des hommes à partir d'argile et d'eau. Il entre en conflit avec Zeus (roi des Dieux dans la mythologie grecque) qui a vaincu les Titans. Zeus le fait enchaîner nu sur une montagne où un vautour vient chaque jour lui dévorer le foie. Sa souffrance ne cesse pas, car son foie repousse la nuit.

NASH – Demandez encore. Je dois vous abattre.

Alicia ne peut s'empêcher de rire.

ALICIA – Tout le monde a attendu une demi-heure.

NASH – Pour ?

ALICIA – Le cours. Vous avez manqué le cours aujourd'hui.

NASH – Ah, bien. Je suis sûr que je ne leur ai pas manqué.

Il se remet au travail. Alicia glisse une feuille sur son magazine.

ALICIA – Le problème que vous avez laissé au tableau. Je l'ai résolu.

Nash regarde à peine son papier et le lui rend.

NASH – Non. Pas résolu.

ALICIA – Vous n'avez même pas regardé.

NASH – Je n'ai jamais dit que les champs de vecteur étaient des fonctions rationnelles.

Alicia le fixe du regard. Puis revient sur son équation. Se renfrogne.

NASH – (sans lever les yeux) **Votre solution est élégante bien qu'au final incorrecte.**

Alicia a un sourire radieux. Nash continue à travailler. Elle ne bouge pas.

NASH – Vous êtes encore là.

ALICIA – Je suis encore là.

NASH – Pourquoi ?

ALICIA – Je me demandais, professeur Nash, si je pouvais vous inviter à dîner.

Nash lève les yeux sur elle. Stupéfait.

ALICIA – Vous mangez, bien, n'est-ce pas ?

NASH – À l'occasion. Table pour une personne. Vous savez comment c'est : Prométhée enchaîné au rocher, des oiseaux tournant autour de lui. Non, je suppose que vous ne le feriez pas ?

Il la jauge. Une longue pause. Puis...

NASH – Laissez votre adresse à mon bureau. Je passerai vous prendre vendredi à vingt heures... Nous mangerons.

Nash goes back to work. Alicia smiles, starts for the door. Nash calls after...

NASH – One more thing.

Alicia turns back to him, sunlight through the window striking her face so perfectly it steals your breath.

NASH – Do you have a name or should I just call you miss?

EXT. – BOSTON – GOVERNOR'S MANSION – NIGHT

Hundreds of tiny white lights illuminate the giant stone mansion, glittering in the darkness like a Christmas ornament. Limos pulling into the circular drive, disgorging passengers.

NASH (OVER) – **Governor, may I present...**

INT. – GOVERNOR'S MANSION – NIGHT

A resplendent black tie party. Nash stands in the foyer, poised[1] and dashing.

ALICIA – Miss Alicia Larde.

WIDER. Smiling beside Nash in a stunning black dress is Alicia. A PHOTOGRAPHER steps forward.

PHOTOGRAPHER – Professor, you and the Governor...

Nash and the Governor strike[2] a posed handshake. But Alicia steps into the shot, begins adjusting Nash's bow-tie.

ALICIA – No, no, I'll want a copy of this, first big date[3] and all, so you boys need to look good....

She brushes Nash's lapel, pulls a handkerchief from her purse and slips the folded cloth into his breast pocket.

ALICIA – ... Which is not a state you find yourselves in altogether[4] naturally.

---

1. **poised** [pɔɪzd] : 1. (ici) *calme, assuré* ; 2. *suspendu, en équilibre* ; 3. *prêt.*

2. **to strike** [straɪk] : nombreux emplois, selon le contexte : 1. (ici) *adopter, prendre* (posture, attitude) ; 2. *frapper* ; 3. *heurter, cogner* ; 4. *atteindre, toucher* ; 4. *frapper* au sens d'*impressionner* ; 5. *sonner* (carillon) ; 6. *jouer* (notes) ; 7. *conclure* (marché) ; 8. *radier, rayer* ; 9. *survenir, arriver, se produire.*

3. **date** [deɪt] : 1. (ici) *rendez-vous* (amoureux) ; 2. *ami(e)* ; 3. *date.*

4. **altogether** : 1. (ici) *tout à fait, entièrement* ; 2. *en tout* ; 3. *somme toute, tout compte fait.*

Nash retourne au travail. Alicia sourit, se dirige vers la porte. Nash la rappelle...

NASH. Encore une chose.

Alicia se retourne vers lui, la lumière du soleil à travers la vitre illuminant son visage à vous en couper le souffle.

NASH – Avez-vous un nom ou dois-je juste vous appeler mademoiselle ?

EXT. – BOSTON – RÉSIDENCE DU GOUVERNEUR – NUIT

Des centaines de minuscules lumières blanches illuminent l'immense résidence en pierre, brillant dans l'obscurité comme une décoration de Noël. Des limousines se garent dans la voie circulaire, déversant des passagers.

NASH (OFF) – **Gouverneur, puis-je vous présenter..**

INT. – RÉSIDENCE DU GOUVERNEUR – NUIT

Une magnifique réception en tenue de soirée. Nash est debout dans le foyer, calme et fringant.

ALICIA – Mlle Alicia Larde.

PLAN LARGE. Souriant à côté de Nash, vêtue d'une fantastique robe noire, Alicia. UN PHOTOGRAPHE s'avance.

PHOTOGRAPHE – Professeur, vous et le gouverneur...

Nash et le gouverneur adoptent une pose en se serrant la main. Mais Alicia entre dans le champ, commence à ajuster le nœud papillon de Nash.

ALICIA – Non, non. Je voudrai une copie de cette photo, premier rendez-vous galant, aussi vous, les garçons, avez besoin d'avoir bonne apparence...

Elle époussette le revers de Nash, sort un mouchoir de son sac et le glisse dans son gousset.

ALICIA – ... Ce qui n'est pas une situation qui vous est tout à fait naturelle.

Alicia moves John's hair, steps back, appraises her work.

ALICIA – Better. Yummy[1], even.

The Governor notes John's mildly startled smile.

ALICIA – I'm surprising him.

GOVERNOR – You just keep on surprising him.

The FRAME WHITENS in a FLASH...

INT. – GOVERNOR'S MANSION – MOMENTS LATER

Alicia and Nash inspect a painting on the wall. Alicia is riveted.

ALICIA – God must be a painter. Why else would we have so many colors?

Nash Nods. He's looking over her shoulder at two dark-suited MEN on the balcony. They notice his gaze, look away.

NASH (distracted) – **So, you're a painter?**

ALICIA – That's not actually what I said.

She raises her hand. Faint paint-stains color her skin.

ALICIA – But, yes. I am.

The two Men on the balcony are clocking[2] Nash again. When they catch his eyes, they move off.

ALICIA – I'm also a burlesque dancer...

Nash nods, still following the Men with his eyes.

ALICIA – I started stripping[3] for infantry in France, then moved up to fly boys.

NASH – Um-hmm.

He's still staring across the room. That's when she actually grabs his bow tie and pulls his head to face her.

ALICIA – Here. Me. Your date.

Nash looks at her. Smiles.

NASH – Practice human comportment and social interaction.

---

1. **yummy** ['jʌmɪ] : 1. (ici) *délicieux, succulent* ; 2. interj. *miam miam.*
2. **to clock** : 1. (ici) *surveiller* ; 2. *enregistrer, chronométrer.*
3. **to strip** : 1. (ici) *faire du striptease* ; 2. *dépouiller, dénuder, démunir.*
4. **fly boys** : (fam.) *gars de l'aviation.*

Alicia remet en place les cheveux de Nash, fait un pas en arrière, évalue son travail.

ALICIA – Mieux. À croquer, même.

Le gouverneur remarque le sourire légèrement surpris de Nash.

ALICIA – Je le surprends.

GOUVERNEUR – Vous continuez juste à le surprendre.

Le CADRE BLANCHIT en un ÉCLAIR.

INT. – RÉSIDENCE DU GOUVERNEUR – QUELQUES INSTANTS PLUS TARD

Alicia et Nash examinent une peinture sur le mur. Alicia est fascinée.

ALICIA – Dieu doit être un peintre. Autrement, pourquoi aurions-nous autant de couleurs ?

Nash hoche la tête. Il regarde par-dessus son épaule deux HOMMES en costume noir sur le balcon. Ils remarquent son regard, détournent les yeux.

NASH – (dérangé) **Ainsi, vous êtes peintre.**

ALICIA – Ce n'est pas ce que j'ai vraiment dit.

Elle lève la main. De légères taches de peinture colorent sa peau.

ALICIA – Mais, oui.

Les deux hommes sur le balcon surveillent Nash à nouveau. Quand ils attrapent son regard, ils s'en vont.

ALICIA – Je suis aussi stripteaseuse.

Nash hoche la tête, continuant à suivre les hommes du regard.

ALICIA – J'ai commencé le striptease pour l'infanterie en France, puis je suis passée aux gars de l'aviation.

NASH – Euh... hum.

Il continue à regarder au travers de la pièce. C'est là qu'elle saisit vraiment son nœud papillon et tire sa tête pour lui faire face.

ALICIA – Ici. Moi. Votre cavalière.

Nash la regarde. Sourit.

NASH – Pratiquez le comportement humain et l'interaction sociale.

She nods, again all warmth.

ALICIA – Now that's a plan. Champagne would be lovely. I'll be outside.

EXT. – GOVERNOR'S MANSION – LATER

Alicia stands on a terrace looking out at the city. Nash arrives, hands her a beading flute of champagne.

ALICIA – Thank you.

Nash pulls her handkerchief from his pocket. Fine silk with a small embroidered rose. Starts to hand it back.

ALICIA – No. Keep it. I believe in deciding things will be good luck, don't you?

NASH – No. I don't believe in luck.

He tucks the handkerchief back in his pocket, holding her gaze

NASH – But I do believe in assigning value to things.

Their faces are close. The moment lingers. That's when Nash notices the same two Men watching him through the glass door.

ALICIA – Is something wrong?

The MEN spot Nash's look, turn away, begin TALKING. Nash stares at them a beat longer. Then he looks back at Alicia and smiles.

NASH – No. Everything's fine.

He begins guiding her away, towards the gardens.

EXT. GOVERNOR'S MANSION – GARDENS – NIGHT – LATER

Nash and Alicia walk the edge of the gardens. Alicia is craning her neck skyward, towards the glittering canopy of stars.

ALICIA – I once tried to count them all. I actually made it to 4,348.

NASH – You are exceptionally odd[1].

ALICIA – Oh, I bet you're popular with the girls.

NASH – Two odd ducks, then. (looking up) **Pick a shape.**

ALICIA – What?

1. **odd** : 1. (ici) *bizarre, étrange* ; 2. *dépareillé* ; 3. *impair.*

Elle opine, à nouveau toute chaleureuse.

ALICIA – Maintenant c'est une idée. Du champagne serait agréable. Je serai dehors.

EXT. – RÉSIDENCE DU GOUVERNEUR – PLUS TARD

Alicia est debout sur une terrasse, regardant la cité au-dehors. Nash arrive, lui tend une flûte de champagne où perlent des bulles.

ALICIA – Merci.

Nash sort le mouchoir de sa poche. Fine soie avec une petite rose brodée. Commence à le rendre.

ALICIA – Non gardez-le. Je crois que décider des choses portera chance, pas vous ?

Leurs visages sont proches. Le moment se prolonge. C'est là que Nash remarque les deux mêmes hommes l'observant à travers la porte en verre.

ALICIA – Quelque chose ne va pas ?

Les HOMMES repèrent le regard de Nash, se retournent, commencent à PARLER. Nash les fixe plus longtemps. Puis il se retourne vers Alicia et sourit.

NASH – Non. Tout va bien.

Il commence à l'emmener vers les jardins.

EXT. – RÉSIDENCE DU GOUVERNEUR – JARDINS – NUIT – PLUS TARD

Nash et Alicia marchent le long des jardins. Alicia tend le cou vers le ciel, en direction de la scintillante voûte étoilée.

ALICIA – J'ai essayé de toutes les compter. Je suis en vérité arrivée à 4 348.

NASH – Vous êtes particulièrement étrange.

ALICIA – Oh, je parie que vous avez du succès auprès des filles.

NASH – Deux canards étranges, alors. (levant les yeux). **Choisissez une forme.**

ALICIA – Quoi ?

NASH – An animal, anything.

ALICIA – Okay. An... umbrella.

NASH-POV. As he holds the night is his gaze. The sky grows dark except for a series of stars. They do in fact form an umbrella.

NASH – Look.

Nash steps behind her, taking her hand in his and guiding her eyes, pointing out the pattern in the stars. Alicia LAUGHS with surprise.

ALICIA – Do it again. Do an octopus.

EXT. – GOVERNOR'S MANSION – NIGHT – WIDE ANGLE – SECONDS LATER

Nash stands with Alicia under a sky totally black save for several glittering constellations. An umbrella. An octopus. A rose. Two tiny figures in a universe all their own.

EXT. – CAMBRIDGE – BROWNSTONE[1] – SUNSET

A car pulls curbside. Sol emerges.

INT. – BROWNSTONE – SUNSET

Sol KNOCKS on an apartment door. Nothing.

SOL – Nash? Nash?

The door is ajar. Sol pushes into...

INT. – BROWNSTONE – NASH'S APARTMENT – LIVING ROOM – DAY

Small but tasteful. No sign of Nash. (OVER) Sounds from...

INT. – NASH'S APARTMENT – SUN PORCH

Windows face bright rooftops beyond. Nash sits on the floor in a sea of magazines, spread out and marked with Nash's scrawl.

SOL – And I was sure you were house-trained[2].

Nash looks up, startled.

---

1. **brownstone** : type de maison construite au XIXe siècle aux États-Unis, avec de la pierre en grès d'une couleur brun-rouge.

2. **to house-train** : *dresser à la propreté*, expression utilisée avec les chiens que l'on dresse à être propres.

NASH – Un animal, n'importe quoi.

ALICIA – D'accord. Un... parapluie.

POINT DE VUE DE NASH. Alors qu'il maintient la nuit dans son regard. Le ciel s'assombrit sauf une série d'étoiles. Elles forment en fait un parapluie.

NASH – Regardez.

Nash fait un pas derrière elle, prenant sa main dans la sienne et guidant ses yeux, désignant le motif dans les étoiles. Alicia RIT, surprise.

ALICIA – Faites-le encore. Faites une pieuvre.

EXT. – RÉSIDENCE DU GOUVERNEUR – NUIT – GRAND ANGLE – QUELQUES SECONDES PLUS TARD

Nash est debout avec Alicia sous un ciel totalement noir, excepté plusieurs étincelantes constellations. Un parapluie. Une pieuvre. Une rose. Deux minuscules silhouettes dans un univers à eux.

EXT. – CAMBRIDGE – BÂTIMENT DE GRÈS BRUN

Une voiture se gare le long du trottoir. Sol en émerge.

INT. – BÂTIMENT DE GRÈS BRUN – COUCHER DE SOLEIL.

Sol FRAPPE à la porte d'un appartement. Rien.

SOL – Nash ? Nash ?

La porte est entrouverte. Sol la pousse pour entrer...

INT. – BÂTIMENT EN GRÈS – APPARTEMENT DE NASH – SALON – JOUR

Petit mais de bon goût. Pas trace de Nash (OFF) BRUITS VENANT DE...

INT. – APPARTEMENT DE NASH – VÉRANDA

Fenêtres faisant face à des toits brillants au-delà. Nash est assis sur le parquet dans un mer de magazines, étalés et couverts de griffonnages de Nash.

SOL – Moi qui te croyais dressé à être propre.

Nash lève les yeux, étonné.

NASH – Do you always just walk into people's apartments?

SOL – I'm not going to be the weird one in this interaction.

NASH – I'm working.

SOL – And which of our projects involves papering your apartment with *Life*[1] ?

NASH – It's classified, Sol.

SOL – I'm serious. You missed the SAC[2] conference today. The brass[3] were there to see you.

NASH – I'm close to something here.

SOL – To what? (a beat) **You skip[4] work. You miss briefings. Me and Bender, we're worried about you.**

Nash has risen, is now taping magazine pages to the wall. Sol lifts a file of articles off a cabinet. All on Hiroshima.

SOL – We're not doing anything on the Hiroshima[5] bomb...

Nash retrieves the file without speaking, deposits it out of Sol's reach on his desk.

SOL – That was polite.

NASH – Did you know the initial blast was so bright it left only shadows?

Nash looks at Sol for the first time. His eyes aren't just tired. They're haunted.

NASH – It seared them on park benches, on schoolyards, on sidewalks. They're still there.

SOL – John...

But Nash just raises his hand.

NASH – I'll be back at work tomorrow.

Sol stares as Nash goes to his desk and resumes[6] working. Finally Sol leaves.

HOLD on Nash as (OVER) the door SHUTS.

---

1. ***Life*** : magazine américain crée en 1936 et arrêté en 2007, qui met l'accent sur la photo.

2. **SAC = Statregic Air Command** : commandement de l'armée de l'air américaine (**USAF, US Air Force**) crée en 1946, regroupant les unités de bombardiers, d'avions ravitailleurs, de chasseurs et de missiles balistiques intercontinentaux.

3. **the brass** : 1. (ici) *les huiles, les gens importants* ; 2. *les cuivres* (musique) ; 3. *le culot* ; 4. *le pognon.*

4. **to skip** : 1. (ici) *sécher, sauter* ; 2. *sautiller* ; 3. *aller, faire un saut à* ; 4. *quitter.*

NASH – Rentres-tu toujours comme ça dans les appartements des gens ?

SOL – Je ne vais pas être le type bizarre dans cette interaction.

NASH – Je travaille.

SOL – Et lequel de nos projets implique de tapisser ton appartement avec *Life* ?

NASH – C'est classé secret, Sol.

SOL –Je suis sérieux. Tu as manqué la conférence du SAC aujourd'hui. Les huiles étaient là pour te voir.

NASH – Je suis près de quelque chose ici.

SOL – De quoi ? (un temps) **Tu laisses tomber le travail. Tu manques les réunions. Bender et moi, on se fait du souci à ton sujet.**

Nash s'est levé, il tapisse maintenant le mur de pages de magazines. Sol soulève une pile d'articles d'un coffret. Tous sur Hiroshima.

SOL – Nous ne faisons rien concernant la bombe d'Hiroshima...

Nash récupère le dossier sans un mot, le dépose hors d'atteinte de Sol sur son bureau.

SOL – C'était poli.

NASH – Savais-tu que l'explosion initiale a été si brillante qu'elle n'a laissé que des ombres ?

Nash regarde Sol pour la première fois. Ses yeux ne sont pas seulement fatigués. Ils sont hantés.

NASH – Elle les a marqués comme au fer rouge sur les bancs des parcs, dans les cours d'école, sur les trottoirs. Elles sont encore là.

SOL – John...

Mais Nash lève juste la main.

NASH – Je serai de retour au travail demain matin.

Sol regarde fixement Nash alors que ce dernier va à son bureau et reprend le travail. Finalement Sol s'en va.

PLAN sur Nash alors que (OFF) la porte se FERME.

---

5. **Hiroshima**, située à l'ouest du Japon, a subi le premier bombardement atomique de l'histoire le 6 août 1945.

6. **to resume** [rɪ'zjuːm] : *reprendre, continuer.* Noter : *résumer,* **to sum up.**

DISSOLVE TO –

INT. –NASH'S APARTMENT – SUN PORCH – SUNSET

Nash is standing over his sea of torn[1] pages. His eyes are red, tired. All around him shifting patterns rise and fall with ever increasing speed. Suddenly, the rapid cascade of patterns freezes, leaving a single pattern.

Nash goes down on his knees, grabbing his clipboard and, still staring at the pattern, begins to write furiously.

A SERIES OF CUTS-Nash marking certain words and pictures on various articles; Nash delineating a route on a paper map of the U.S.; Nash sliding his work into a Wheeler envelope and sealing it with wax.

EXT. – CAMBRIDGE STREET – NIGHT

(OVER) CRICKETS. Nash is walking, alone, past large houses set apart on larger lots, his sealed, grey Wheeler envelope in his hand. He stops before a giant wrought iron gate, behind which sits a resplendent white colonial mansion. Lights burn in every room. On the gate, a small keypad is illuminated by the purple glow of a tiny bulb. Nash stares at the keypad, reaches forward.

NASH'S WRIST – CLOSE. IN THE PURPLE LIGHT, A NEW SET OF NUMBERS APPEAR BENEATH THE SURFACE OF HIS SKIN.

He rubs his wrist in wonder. Then enters the numbers into the keypad. The lock CLICKS open. Nash pushes the gate wide.

EXT. – CAMBRIDGE ESTATE – NIGHT

Beyond the gate is a free standing mailbox. Freshly painted wrought[2] iron secured with a heavy padlock.

---

1. **to tear, tore, torn** : 1. (ici) **déchirer** ; 2. **to tear from** : *arracher.*

2. **wrought iron** [rɔːt ˈaɪəʳn] : *en fer forgé* ; **wrought** : participe passé archaïque de **work** = *ciselé, martelé, façonné.*

FONDU ENCHAÎNÉ SUR :

INT. – APARTEMENT DE NASH – SOLEIL – VÉRANDA – COUCHER DE SOLEIL

Nash est assis sur sa mer de pages déchirées. Ses yeux sont rouges, fatigués. Tout autour de lui des motifs changeants s'élèvent et tombent de plus en plus vite. Soudain, la cascade rapide de motifs se fige, laissant un seul motif.

Nash se met à genoux, agrippant son écritoire et, fixant toujours le motif, commence à écrire frénétiquement.

UNE SÉRIES DE PLANS – Nash marquant certains mots et images sur différents articles ; Nash traçant un itinéraire sur une carte en papier des USA ; Nash glissant son travail dans une enveloppe Wheeler et la cachetant avec de la cire.

EXT. – RUE DE CAMBRIDGE – NUIT

(OFF) GRILLONS. Nash est en train de marcher, seul, devant un ensemble de grandes maisons dans des terrains plus grands, son enveloppe Wheeler grise scellée à la main.

Il s'arrête devant une grille géante en fer forgé, derrière laquelle se tient une demeure coloniale blanche resplendissante. Des lumières sont allumées dans chaque pièce.

Sur la grille, un petit clavier est éclairé par la lueur violette d'une minuscule ampoule. Nash regarde le clavier, s'avance.

POIGNET DE NASH – GROS PLAN. DANS LA LUMIÈRE VIOLETTE, UN NOUVEL ENSEMBLE DE CHIFFRES APPARAISSENT SOUS LA SURFACE DE SA PEAU.

Il frotte son poignet avec étonnement. Puis compose les chiffres sur le clavier. Le verrou s'ouvre avec UN BRUIT SEC. Nash ouvre grand la grille.

INT. – DOMAINE DE CAMBRIDGE – NUIT

Derrière la grille se tient un boîte aux lettres isolée. En fer forgé récemment peint, solidement fermée avec un lourd cadenas.

Nash slides the gray envelope into the mail slot. (OVER) A sudden RUSTLING from behind him.
Nash spins. Bushes move. Just the wind? (OVER) The HUM of the automatic gate beginning to close. Nash starts to move towards the street.
DOWN THE BLOCK, headlights. A car approaches. Nash pins[1] himself behind a tree as the car comes closer.
THE GATE is closing.
THE CAR slows.
NASH – CLOSE watches. Scared. Finally, the car moves off. Nash darts from behind the tree and makes it out through the closing gate at the last possible instant.

EXT.– CAMBRIDGE STREET – NIGHT

Nash moves, first a jog, then a run towards his car parked at the end of the street.

EXT. – WALDEN POND – DAY

A cradle of lush forest. Alicia and John sit over the remains of their picnic.

ALICIA – You don't talk much, do you?

Nash just smiles. The silence stretches on.

NASH – That's novel. I have been told I talk too much.

ALICIA – No. I mean about, you know, what's really going on?

NASH – I can't talk about my work, Alicia.

ALICIA – I don't mean work.

John throws a wry grin.

NASH – I find that polishing my interactions in order to make them sociable requires a tremendous effort. I have a tendency to expedite information flow by being direct. Often I don't get a good result.

ALICIA – Try me.

1. **to pin** : 1. (ici) *immobiliser* ; 2. *coincer* ; 3. *épingler, punaiser* ; 4. *accuser.*

Nash glisse l'enveloppe grise dans la fente de la boîte. (OFF) Soudain un bruissement derrière lui. Nash se retourne.
Des buissons bougent. Juste le vent ? (OFF) Le BOURDONNEMENT de la grille automatique commençant à se fermer. Nash commence à se diriger vers la rue.
EN BAS DE L'IMMEUBLE des phares de voitures. Une voiture arrive. Nash s'immobilise derrière un arbre alors que la voiture s'approche.
LA GRILLE est en train de se fermer.
LA VOITURE ralentit.
NASH – PLAN RAPPROCHÉ – observe. Effrayé. Finalement la voiture s'en va. Nash se précipite de derrière l'arbre et fonce au dernier moment possible à travers la grille qui se ferme.

EXT. – RUE DE CAMBRIDGE – NUIT

Nash se déplace, d'abord à petites foulées, puis au pas de course vers sa voiture garée au bout de la rue.

EXT. – ÉTANG DE WALDEN – JOUR

Un berceau de forêt luxuriante. Alicia et John sont assis devant les restes de leur pique-nique.

ALICIA – Tu ne parles pas beaucoup, n'est-ce pas ?

Nash se contente de sourire. Le silence se prolonge.

NASH – C'est nouveau. On m'a dit que je parlais trop.

ALICIA – Non. Je veux dire, tu sais, qu'est-ce qui se passe vraiment ?

NASH – Je ne peux pas parler de mon travail, Alicia.

ALICIA – Je ne parle pas de travail.

John grimace un sourire.

NASH – Je trouve que polir mes interactions afin de les rendre sociables réclame un effort considérable. J'ai tendance à accélérer le flot d'informations en étant direct. Souvent je n'obtiens pas un bon résultat.

ALICIA – Mettez-moi à l'épreuve.

John stares at her a beat. Then...

NASH – All right. I find you attractive? Your aggressive moves towards me indicate you feel the same way. Still ritual requires that we continue a number of platonic activities before we can have intercourse. I am proceeding with these activities, although, to some extent, all I really want is to have sex as soon as possible.

Alicia stares at him a beat.

NASH – Are you going to slap me now?

She leans in and kisses him on the mouth.

ALICIA – How was that result?

EXT. – NASH'S APARTMENT HALLWAY – LIVING ROOM – NIGHT

Dark. The door swings open, flooding the room with yellow hall light. Alicia stands in the open doorway.

NASH – Wait here a second.

John moves through the living room, hurries into...

INT. – NASH'S APARTMENT – SUN PORCH – NIGHT

John gathers up papers, throws his work into a filing cabinet. He glances out the window.

A black sedan sits parked across the street. Inside, two men. A beat. John draws the shade.

ALICIA (OVER) – **Cleaning up your dirty[1] magazines?**

John spins. Alicia stands behind him. She's unbuttoning her shirt.

NASH – I told you to wait.

And she peels off her shirt, naked now to her waist.

ALICIA – I couldn't.

---

1. **dirty** : 1. (ici) *obscène, pornographique, grossier* ; 2. *sale, malpropre, crasseux, encrassé, crotté* ; **a dirty pool** (US), *un tour de cochon* ; **you dirty rat !**, *espèce de salaud !*

John la fixe un temps. Puis...

NASH – Je vous trouve séduisante. Vos premiers pas dynamiques vers moi indiquent que vous éprouvez la même chose. Cependant le rituel exige que nous continuions un nombre d'activités platoniques avant que nous puissions avoir une relation sexuelle. Je poursuis ces activités bien que, dans une certaine mesure, tout ce que je désire vraiment, c'est de faire l'amour le plus tôt possible.

Alicia le fixe un temps.

NASH – Allez-vous me gifler maintenant ?

Elle se penche et l'embrasse sur la bouche.

ALICIA – Comment était ce résultat ?

EXT. – COULOIR DE L'APPARTEMENT DE NASH – SALON – NUIT

Sombre. La porte s'ouvre, inondant la pièce de la lumière jaune de l'entrée. Alicia est debout dans l'embrasure de la porte.

NASH –Attends une seconde.

John traverse le salon, se dépêchant vers...

INT. – APPARTEMENT DE NASH – VÉRANDA – NUIT

John rassemble les journaux, fourre son travail dans un classeur. Il jette un coup d'œil par la fenêtre.

Une berline noire est garée de l'autre côté de la rue. À l'intérieur, deux hommes. Un temps. John, baisse le store..

ALICIA – (OFF) **Tu ranges tes magazines cochons ?**

John se retourne. Alicia est debout derrière lui. Elle déboutonne sa chemise.

NASH – Je t'avais dit d'attendre.

Et elle enlève sa chemise, nue maintenant jusqu'à la taille.

ALICIA – Je ne pouvais pas.

Nash moves to her, bodies intertwining there on the desk, under the slatted light spilling in from the street. PAN DOWN...

On the floor are several of John's newspapers, marked up with his code-breaking scrawl. Fallen to the floor. Forgotten.

EXT. – BEATON HILL – DAY

Nash stands atop the hill, looking out at the city beyond.

Suddenly downtown Boston erupts with a low nuclear cloud. Next comes the white light, then the blast wave, leveling buildings, whipping toward Nash in a colossal wave of ruin.

Nash stands, eyes wide, as the wave wipes past him, leveling all in its path but leaving him unscathed[1].

Nash stands alone, around him only isolation, the last man in a barren of twisted buildings and seared shadows.

INT. – NASH'S APARTMENT – BEDROOM – NIGHT

Nash bolts up in his bed, sweating and breathless from the nightmare. He looks at Alicia, asleep peacefully beside him.

EXT. – MIT COMMONS – DAY

Nash sits under a tree, marking up another magazine. A little girl (MARCEE,6) walks up to him.

MARCEE – What ya doin[2]?

Nash looks up at her.

NASH – I am attempting to isolate patterned recurrences across periodicals over time. And you?

MARCEE – Chasing' pigeons. You talk funny, Mr. Nash.

NASH (frowning) **Do I know you?**

---

1. **unscathed** [ʌn'skeɪðd] : 1. (ici) *indemne, sain et sauf*; 2. *non affecté* (psychiquement).

2. **What ya doing : = what are you doing**, parler populaire.

Nash s'avance vers elle, corps entrelacés là sur le bureau, sous la lumière tamisée se déversant de la rue. PANORAMIQUE DESCENDANT.

Il y a sur le parquet plusieurs des magazines de John, portant son griffonnage briseur de codes. Tombés à terre. Oubliés.

EXT. – COLLINE DE BEACON – JOUR

Nash est debout au sommet de la colline, regardant la cité au-delà.

Soudain le centre-ville de Boston explose avec un nuage nucléaire bas. Vient ensuite la lumière blanche, puis l'onde de l'explosion, aplanissant les bâtiments, filant vers Nash en une colossale vague de ruines.

Nash est debout, les yeux vides, alors que la vague continue sa course, nivelant tout sur son passage, mais le laissant indemne.

Nash est debout, seul, autour de lui rien que l'isolement ; le dernier homme dans un désert aride de bâtiments dévastés et d'ombres marquées au fer rouge.

INT. – APPARTEMENT DE NASH – JOUR

Nash sursaute dans son lit, transpirant et hors d'haleine, émergeant de son cauchemar. Il regarde Alicia, paisiblement endormie à ses côtés.

EXT. – TERRAINS DU MIT – JOUR

Nash est assis sous un arbre, marquant un autre magazine. Une petite fille (MARCEE, 6 ans) marche vers lui.

MARCEE – Qu'est-ce tu fais ?

Nash lève les yeux sur elle.

NASH – Je cherche à isoler des motifs significatifs récurrents dans des périodiques, et toi ?

MARCEE – Je chasse des pigeons. Vous parlez drôlement, monsieur Nash.

NASH – (fronçant les sourcils) **Est-ce que je te connais ?**

MARCEE – My uncle says you're very smart but not very nice so I shouldn't pay any attention if you're mean to me.

NASH – And who might that uncle be?

VOICE (OVER) **– The prodigal roommate returns.**

Nash looks up and standing over him is Charles. Nash grins.

EXT. – MIT CAMPUS – WALKING

Nash and Charles stroll together. Marcee runs a few yards ahead, chasing pigeons, eyes wide with a child's fascination.

CHARLES – My sister got herself killed in a car crash. Her cowboy husband was too drunk to know he was too drunk to drive. I took Marcee in.

NASH – She's so small.

CHARLES – She's young. That's how they come.

Marcee runs at the pigeons. To her dismay, they don't react.

CHARLES – I'm doing the Great Authors Workshop at Harvard. D.H. Lawrence[1]**.**

NASH – You really should buy yourself a new book.

CHARLES – Well, I have been reading about you. How are you, John?

NASH – At first all my work was... trivial. Then a new assignment came up. ... I can't discuss it.

CHARLES – Top Secret, Black Bag, Black Ops[2] **?**

NASH – Something like that. And...

CHARLES – Yes.

NASH – I've met a girl.

CHARLES – An actual human girl?

NASH – Homo sapiens.

CHARLES – Biped?

NASH – And contrary to all probabilities, she finds me attractive on a lot of levels.

---

1. **D.H. Lawrence** (1885-1930) : écrivain anglais, auteur de nouvelles, romans, pièces de théâtre, essais, poèmes, livres de voyage. Son livre le plus connu, ***Lady Chatterley's Lover***, *L'amant de lady Chatterley*, fit scandale à l'époque et fut saisi en Grande-Bretagne et aux États-Unis. Il ne put paraître, dans les pays anglo-saxons, qu'en 1960.

2. **Black Bag** : dans les actions de sabotage, la dynamite était déposée dans des **black bags**, *sacs noirs*, d'où la traduction proposée.

MARCEE – Mon oncle dit que vous êtes très astucieux mais pas très gentil, aussi je ne devrais pas prêter attention si vous êtes méchant avec moi.

NASH – Et qui pourrait être cet oncle ?

VOICE (OFF) **– Le camarade de chambre prodigue est de retour.**

Nash lève les yeux et debout devant lui se tient Charles. Nash grimace un sourire.

EXT. – CAMPUS DU MIT – EN MARCHANT

Nash et Charles se promènent ensemble. Marcee court à quelques pas devant eux, chassant des pigeons, les yeux ouverts avec la fascination d'une enfant.

CHARLES – Ma sœur s'est tuée dans un accident de voiture. Son cow-boy de mari était trop saoul pour savoir qu'il était trop ivre pour conduire. J'ai recueilli Marcee.

NASH – Elle est si petite.

CHARLES – Elle est jeune. C'est comme ça qu'elles arrivent.

Marcee court après les pigeons. À son désarroi ils ne réagissent pas.

CHARLES – Je suis le séminaire sur les Grands Auteurs à Harvard. D. H. Lawrence.

NASH – Tu devrais vraiment t'acheter un nouveau livre.

CHARLES – Bien, j'ai lu à ton sujet. Comment ça va, John ?

NASH – D'abord, tout mon travail était... banal. Puis une nouvelle tâche s'est présentée... Je ne peux pas en parler.

CHARLES – Top secret, dynamitage, opérations sous le manteau ?

NASH – Quelque chose comme ça. Et...

CHARLES – Oui ?

NASH – J'ai rencontré une fille.

CHARLES – Une fille réellement humaine ?

NASH – Homo sapiens.

CHARLES – Bipède ?

NASH – Et contrairement à toutes les probabilités, elle me trouve séduisant à des tas de niveaux

CHARLES – That's wonderful. Although there's no accounting[1] for taste.

NASH – Do I marry her? I mean, it all seems to add up. But how do you know for sure?

CHARLES – Nothing's ever for sure. That's the only sure thing I know.

That's when Marcee runs up, her expression grave.

MARCEE – I can't make the pigeons fly.

NASH – Put your arms up and roar like a monster.

MARCEE – Are you being mean and I shouldn't pay any attention to you?

A beat. Then Nash smiles.

EXT. – MIT COMMONS – DAY

Two men and a little girl, arms high, ROARING like monsters, race through the pigeons, the birds soaring away, taking flight.

INT. – BACK BAY RESTAURANT – NIGHT

Small. Romantic. Alicia sits drinking a beer, staring out at the river. John arrives at the table, really, really late.

NASH – Alicia, now please don't be angry.

Her look stops him cold. He begins digging in his pockets trying to find something.

NASH – I lost track of time at work. Again. I'm sorry. I didn't have time to wrap it.

Nash has reached into his pocket, hands her something.

NASH – Happy Birthday.

Finally she takes the object from John. It's a small glass ball.

NASH – The refractive faces create a full wavelength dispersal so when you look inside you get...

---

1. **to account for** [ə'kaʊnt] : 1. (ici) *expliquer,* m. à. mot. *on n'explique pas les goûts* ; l'expression **There's no accounting for taste**, formule toute faite, s'utilise dans les mêmes situations que l'expression française : *Des goûts et des couleurs...* ; 2. *rendre compte de* ; 3. *représenter.*

CHARLES – C'est formidable. Bien que les goûts, ça ne se discute pas.

NASH – Est-ce que je l'épouse ? Je veux dire, tout semble marcher. Mais comment on peut en être sûr ?

CHARLES – Rien n'est jamais sûr. C'est la seule chose sûre que je connaisse.

C'est là que Marcee approche en courant, son expression est grave.

MARCEE – Je n'arrive pas à faire voler les pigeons.

NASH – Lève les bras en l'air et hurle comme un monstre.

MARCEE – Êtes-vous méchant et devrais-je ne pas vous prêter attention ?

Une pause. Puis Nash sourit.

EXT. – TERRAIN DU MIT – JOUR

Deux hommes et une petite fille, les bras en l'air, hurlant comme des monstres, courent parmi les pigeons, les oiseaux s'élevant, prenant leur envol.

INT. – RESTAURANT DANS BACK BAY – NUIT

Petit. Romantique. Alicia est assise buvant une bière, regardant au-dehors la rivière. John arrive à la table, vraiment, vraiment en retard.

NASH – Alicia, maintenant s'il te plaît, ne te fâche pas.

Son regard le fige. Il commence à fouiller dans ses poches, essayant de trouver quelque chose.

NASH – J'ai perdu le sens du temps au travail. À nouveau. Je suis désolé. Je n'ai pas eu le temps de l'envelopper.

Il a trouvé dans sa poche, il lui tend quelque chose.

NASH – Joyeux anniversaire.

Finalement elle prend l'objet des mains de John. C'est une petite boule en verre.

NASH – Les faces réfringentes créent une dispersion complète de longueur d'ondes, aussi quand on regarde à l'intérieur on obtient...

ALICIA – Every possible color.

She stares at him, frowning.

NASH – You said God was a painter. At the party? Because all of the colors...

ALICIA – I don't think you were listening.

NASH – I'm always listening.

She holds his eyes a beat, realizing. It's the simple truth. She stares at the object, fractured light hitting her face.

ALICIA – It's so beautiful.

Nash stares. She is. He drops to his knee.

NASH – Alicia, does our relationship warrant long term commitment?

She opens her mouth to speak, closes it again.

NASH – I require a proof. Some kind of verifiable empirical data.

Alicia LAUGHS, shakes her head.

ALICIA – Just give me a moment to redefine my girlish[1] notions of romance.

Alicia smiles wryly.

ALICIA – A proof. Verifiable data. All right, how big is the universe?

NASH – Infinite.

ALICIA – How do you know?

NASH – I know because all the data indicates that it's infinite.

ALICIA – But it hasn't been proven[2]? You haven't seen it?

NASH – No.

ALICIA – Then how do you know for sure?

NASH – I don't. I just believe it.

ALICIA – It's the same with love, I imagine.

Nash stares at her, framed by the window light.

ALICIA – The part you don't know. Is if I want to marry you.

---

1. **girlish** : 1. (ici) m. à. m. *de petite fille, de fillette* ; 2. (péj.) *efféminé.*

2. **proven** [pru:vn] : participe passé US de **to prove** (GB **proved**) : 1. (ici) *prouvé* ; 2. *démontré* ; 3. *mis à l'épreuve* ; 4. *homologué.*

ALICIA – Toute couleur possible.

Elle le fixe, renfrognée.

NASH – Tu as dit que Dieu était un peintre. À la réception ? À cause de toutes les couleurs…

ALICIA – Je ne pensais pas que tu écoutais.

NASH – J'écoute toujours.

Elle soutient son regard un moment, se rendant compte. C'est la simple vérité. Elle fixe l'objet, la lumière fracturée frappant son visage.

ALICIA – C'est si beau.

Nash la fixe. Elle est si belle. Il tombe à ses genoux.

NASH – Alicia, est-ce que notre relation garantit un engagement à long terme ?

Elle ouvre la bouche pour parler, la ferme à nouveau.

NASH – Je réclame une preuve. Une certaine sorte de donnée empirique vérifiable.

Alicia RIT, secoue la tête.

ALICIA – Laisse-moi juste un moment pour redéfinir ma notion puérile d'une liaison amoureuse.

Alicia sourit ironiquement.

ALICIA – Une preuve. Des données vérifiables. Très bien, quelle est la dimension de l'univers ?

NASH – Infinie.

ALICIA – Comment le sais-tu ?

NASH – Je le sais parce que toutes les données indiquent qu'il est infini.

ALICIA – Mais cela n'a pas été prouvé ? Tu ne l'as pas vu.

NASH – Non.

ALICIA – Alors comment peux-tu en être sûr ?

NASH – Je ne le suis pas. Je le crois seulement.

ALICIA – C'est la même chose avec l'amour, j'imagine.

Nash la fixe, encadré par la lumière de la fenêtre.

ALICIA – La partie que tu ne connais pas. C'est, est-ce que je veux t'épouser.

HOLD on Nash. That really hadn't occurred to him. He blanches.

EXT. – WEDDING RECEPTION – WINTER – DAY

Bender, Sol, and a few of Alicia's friends hurl rice as John and Alicia emerge. The couple poses while folks snap pictures.

As Alicia hugs her mother and sister, John notices a figure standing a few feet off on the edge of the affair. Parcher.

A flash catches John's attention. When he turns back, Parcher is gone.

EXT. – CAMBRIDGE STREET – NIGHT

NASH'S WRIST – CLOSE. In the glow of the purple light, a new set of numbers shine through the skin. WIDER.

Nash punches[1] in the codes, pushes open the gate, a new sealed grey Wheeler envelope in his hand. He drops the envelope into the slot.

(OVER) A SCREECHING of tires. CAR HEADLIGHTS turn onto the street.

Nash stands frozen, the car bearing[2] down on him.Suddenly the car SCREECHES to a halt. A figure is SHOUTING from the driver's seat.

PARCHER – In! Fast!

INT. – PARCHER'S CAR – CAMBRIDGE STREET – NIGHT

Parcher GUNS the engine before Nash's door is even closed.

NASH – What are you doing here?

PARCHER – Are they following?

NASH – Who? (looking over his shoulder) **Shit[3]!**

---

1. **to punch in** : 1. (ici) *composer* ; 2. **to punch** : *donner un coup de poing, frapper.*

2. **to bear down** : 1. (ici) *foncer sur, venir sur* ; 2. *appuyer.*

3 . **shit** : 1. (ici) interjection : *merde !* ; 2. *excrément, merde* ; 3. **not to give a shit,** *s'en foutre* ; 4. (US) **no shit ?** *sans blague ? sans déconner ?* ;

ARRÊT sur Nash. Cela ne lui était en fait pas venu à l'esprit. Il blêmit.

EXT. – RÉCEPTION DE MARIAGE – HIVER – JOUR

Bender, Sol et quelques-uns des amis d'Alicia jettent du riz alors que John et Alicia apparaissent. Le couple pose tandis que les gens prennent des photos.

Alors qu'Alicia serre sa mère et sa sœur dans ses bras, John remarque une silhouette se tenant à quelques pas du groupe. Parcher.

Un reflet attire l'attention de John. Quand il se retourne, Parcher est parti.

EXT. – RUE DE CAMBRIDGE – NUIT

POIGNET DE NASH – PLAN RAPPROCHÉ. Dans l'éclat de la lumière violette, un nouvel ensemble de chiffres brille à travers sa peau. PLAN ÉLARGI.

Nash compose le code, ouvre la grille en la poussant, une nouvelle enveloppe grise Wheeler à la main. Il glisse l'enveloppe dans la fente.

(OFF) UN CRISSEMENT de pneus. DES PHARES DE VOITURE tournent dans la rue. Nash est debout, glacé, la voiture fonçant sur lui.

SOUDAIN la voiture s'arrête en crissant. Une silhouette crie depuis le siège du chauffeur.

PARCHER – Dedans ! Vite !

INT. – VOITURE DE PARCHER – RUE DE CAMBRIDGE – NUIT

Parcher ACCÉLÈRE avant même que la porte de Nash soit fermée.

NASH – Que faites-vous ici ?

PARCHER – Est-ce qu'ils suivent ?

NASH – Qui ? (regardant derrière son épaule) **Merde !**

---

5. *connerie* ; 6. **to take shit,** *en prendre plein la gueule* ; 7. **to have the shit,** *avoir la trouille* ; 8. nom : *drogue, came.*

OUT THE BACK WINDSCREEN. Another set of headlights SCREECHES around the corner, in close pursuit.

PARCHER – The drop has been compromised.

(OVER) A sharp CRACK. The back window shatters.

PARCHER – (shouting) **Down.**

John ducks. Parcher cuts around the corner, slamming John, hard, into the car door

PARCHER – Take this.

Parcher, still steering with one hand, tosses something onto the seat. A revolver. Nash just stares at him blankly.

PARCHER – Return fire.

NASH – I don't know how–

PARCHER – Out the window! Shoot, goddammit.

EXT. – BOSTON STREETS – NIGHT

The pursuit car is gaining. A shadowy figure leans out of the passenger side window, gun in hand. He FIRES.

INT. – PARCHER'S CAR – BOSTON STREETS – MOVING

(OVER) Another CRACK. A bullet lodges in the windshield between Nash and Parcher, spider-webbing the glass.

PARCHER – Shoot the fucking gun.

Nash just stares at the weapon. Parcher grabs the revolver, tries steering with one hand and SHOOTING out the window with the other.

EXT. – BOSTON STREETS – SHORE OF THE CHARLES[1] – NIGHT

Parcher's car turns onto the riverfront, the chase car in close pursuit. Parcher and the shadowy gunman exchange FIRE as the two cars race along the moonlit edge of the Charles.

---

1. **The Charles** : il s'agit de la rivière qui sépare les villes de Boston sur sa rive droite et de Cambridge sur sa rive gauche. Au XVIIe siècle, ce nom lui fut donné en l'honneur du roi Charles Ier d'Angleterre. Deux campus célèbres occupent ces deux rives : Harvard et le MIT.

À L'EXTÉRIEUR DU PARE-BRISE ARRIÈRE. D'autres feux avant crissent au coin de la rue, poursuivant de près.

PARCHER – La livraison a été compromise.

(OFF) Un fort CRAQUEMENT. La fenêtre arrière se brise.

PARCHER – Couché.

John plonge. Parcher vire au coin de la rue, repoussant violemment John contre la porte de la voiture.

PARCHER – Prenez ça.

Parcher, tenant toujours le volant d'une main, lance quelque chose sur le siège. Un revolver. Nash se contente de le regarder, ahuri.

PARCHER – Tire en retour.

NASH – Je ne sais pas comment...

PARCHER – Par la fenêtre ! Tire, nom de Dieu !

EXT. – RUES DE BOSTON – NUIT

La voiture qui poursuit gagne du terrain. Une silhouette indistincte se penche hors de la fenêtre côté passager, pistolet à la main. Il TIRE.

INT. – VOITURE DE PARCHER – RUE DE BOSTON – EN ROULANT

(OFF) Un autre CRAQUEMENT. Une balle se loge dans le pare-brise entre Nash et Parcher, dessinant comme une toile d'araignée sur le verre.

PARCHER – Tire avec ce putain de flingue.

Nash ne fait que regarder l'arme. Parcher se saisit du revolver, essaie de conduire d'une main et de TIRER de l'autre par la fenêtre.

EXT. – RUES DE BOSTON – BORD DE LA RIVIÈRE CHARLES – NUIT

La voiture de Parcher tourne vers le bord de la rivière, la voiture qui leur donne la chasse les suit de près. Parcher et le tireur fantôme échangent des TIRS alors que les deux voitures font la course le long de la berge du Charles éclairé par la lune.

INT. – PARCHER'S CAR – MOVING

PARCHER – Hang on. I'm going to try and get a better shot.

NASH – Can't we just get away?

Parcher spins the wheel, hitting the breaks...

EXT. – BOSTON STREETS – SHORE OF THE CHARLES – NIGHT

Parcher's car spins broadside. The pursuit car is bearing down on them. Parcher aims out the window and FIRES, SHOT after SHOT.

The pursuit car keeps coming. Parcher lets off a final VOLLEY, the pursuit car now virtually on the top of them.

At the last instant, the villain's windshield SHATTERS, the pursuit car skidding off the road and flying, hard, into the water.

INT. – PARCHER'S CAR – MOVING

CLOSE on John's eyes. Wide with disbelief.

EXT. – SHORE OF THE CHARLES – NIGHT

Parcher and Nash emerge from their car, watching as the last signs of the sedan are swallowed by the black water.

NASH – This doesn't happen. Not here

PARCHER (adrenalized) – **Yes, You're right. It never happened. Do you understand me? It never happened.**

Nash nods dumbly[1].

PARCHER – We have a leak. They know our operative is at the Wheeler. They just don't know who. Keep working. We'll contact you.

John manages to nod.

PARCHER – I've got to get rid of this car.

(OVER) A distant SIREN. Parcher hands him the gun.

PARCHER – Keep it. You may need it.

John looks down at the gun in his hand. A beat.

---

1. **dumbly** : *silencieusement, sans dire un mot,* formé sur **dumb,** 1. (ici) *muet* ; 2. *stupide.*

INT. – VOITURE DE PARCHER – EN ROULANT

PARCHER – Accroche toi ! Je vais essayer d'avoir un meilleur angle de tir.

NASH – Ne pouvons-nous pas juste filer ?

Parcher tourne le volant, et accélérant la fuite...

EXT. – RUES DE BOSTON – RIVE DE LA CHARLES – NUIT

La voiture de Parcher se met en travers. Le poursuivant fonce sur eux. Parcher vise par la fenêtre et TIRE, COUP après COUP.

La voiture poursuivante continue à se rapprocher. Parcher envoie une dernière SALVE, le poursuivant est pratiquement sur eux.

Au dernier moment, le pare-brise du malfrat ÉCLATE, la voiture du poursuivant dérape, quitte la route et s'envole pour plonger dans la rivière.

INT. – VOITURE DE PARCHER – EN ROULANT

PLAN RAPPROCHÉ sur les yeux de Nash. Écarquillés d'incrédulité.

EXT. – BORD DE LA RIVIÈRE CHARLES – NUIT

Parcher et John émergent de leur voiture, observant les derniers signes de la berline avalée par l'eau noire.

NASH – Ce n'est pas possible. Pas ici.

PARCHER – (avec une montée d'adrénaline). **Oui, vous avez raison. Ça ne s'est jamais produit. Vous me comprenez ? Ça ne s'est jamais produit.**

Nash acquiesce sans un mot.

PARCHER – Il y a une fuite. Ils savent que notre agent est à Wheeler. Ils ne savent juste pas qui c'est. Continuez à travailler. Nous vous contacterons simplement.

Nash arrive à acquiescer.

PARCHER – Il faut que je me débarrasse de cette voiture

(OFF) Une SIRÈNE au loin. Parcher lui tend le revolver.

PARCHER – Vous pouvez en avoir besoin.

Nash baisse les yeux sur l'arme dans sa main.

EXT. – SHORE OF THE CHARLES – NIGHT – HIGH ANGLE

John watches Parcher's car pull off away. Then he hurls the gun into the dark waters, starts off at a jog, away into the shadows.

INT. – NASH'S APARTEMENT – LATE

Nash ENTERS. The apartement has changed. A woman's touch. Alicia is sitting on the couch.

ALICIA – I was worried.

She rushes to her husband, wrapping her arms around him. But he stands there, still, like a ghost[1].

ALICIA – Sol said you left the office hours ago. When you didn't call... (pulling back) **John...?**

He just shakes his head. Kisses her on the cheek distantly. Then he goes into the study and closes the door.

Alicia stares at the shut door. Tries the knob. Locked.

ALICIA – Baby, what is it?

No answer. She bows her forehead against the door.

ALICIA – John, please answer me. John?

But from beyond the shut portal, only silence.

ALICIA – What's happened?

Anger turns to rage.

ALICIA – Why won't you talk to me?

She begins banging on the door.

ALICIA – What's wrong with you John? Why don't you answer me?

INT. – NASH'S SUN PORCH – NIGHT

Nash leans against the door, Alicia's questions cutting like wounds.

1. **ghost** : 1. (ici) *fantôme* ; 2. *ombre* ; 3. **ghost writer**, *nègre* (écrivain).

EXT. – RIVE DE LA RIVIÈRE CHARLES – NUIT – PLAN EN PLONGÉE

Nash observe la voiture de Parcher démarrer. Puis il jette le revolver dans les eaux noires, part à petites foulées, vers l'extérieur dans les ombrages.

INT. – APPARTEMENT DE NASH – TARD

Nash ENTRE. L'appartement a changé. La main d'une femme. Alicia est assise sur le divan.

ALICIA – Je me faisais du souci.

Elle se précipite vers son mari, l'entoure de ses bras. Mais il reste debout là, immobile, tel un fantôme.

ALICIA – Sol a dit que tu as quitté le bureau il y a une heure. Quand tu n'as pas appelé... (se reculant) **John... ?**

Il se contente de secouer la tête. L'embrasse sur la joue d'un air distant. Puis rentre dans son bureau et ferme la porte. Alicia fixe la porte fermée, essaie la poignée.

ALICIA – Bébé, qu'est-ce qu'il y a ?

Pas de réponse. Elle incline son front contre la porte.

ALICIA – John, s'il te plaît, réponds-moi. John ?

Mais de derrière la porte fermée, seulement le silence.

ALICIA – Que s'est-il passé ?

La colère se transforme en rage.

ALICIA – Pourquoi ne veux-tu pas me parler ?

Elle commence à cogner contre la porte.

ALICIA – Qu'est-ce qui ne va pas avec toi ? Pourquoi tu ne me réponds pas ?

INT. – VÉRANDA DE NASH – NUIT – EN CONTINU

Nash s'appuie sur la porte, les questions d'Alicia coupantes comme des blessures.

INT./EXT. – MIT – CLASSROOM – DAY

John stands at the window, staring out at the parking row. A black sedan pulls up. Two suspicious men in trench coats and hats emerge.
NASH – CLOSE. Really nervous.
Then two women emerge from the car, followed by their kids. Not hit men, just two families. WIDER...
John turns to face a classroom full of students, all staring at him with confusion. His eyes are hollow as he moves to his desk.

NASH – Welcome to section two of advanced multivariable calculus. (off booklets on his desk) **Here is the final exam I will be giving in ten weeks. Class participation is neither expected nor desired. Have a nice day.**

Nash walks out, leaving the group of stunned students behind.

INT. – MIT – WHEELER HEADQUARTERS – HALLWAY – DUSK

The setting sun draws long shadows. Nash pulls his office door closed. He turns, practically colliding with Parcher.

NASH (jumping back) **Christ!** (gathers himself) **I was just coming to see you. I'm getting paranoid. Any time a car backfires**[1] **–**

Parcher's nod seems anything but surprised.

PARCHER – I understand. Better than you can possibly imagine.

NASH – I can't keep doing this.

William's eyes seem terribly sad. He leads John back into...

INT. – NASH'S OFFICE – SUNSET

Dark. Shades drawn.

PARCHER – You need to calm down, John.

---

1. **to backfire** [bækˈfaɪəʳ] : 1. (ici) *pétarader* ; 2. *avoir un effet inattendu, se retourner contre.*

INT./EXT. – MIT – SALLE DE COURS – JOUR

John est debout près de la fenêtre, fixant au-dehors la rangée de places de stationnement. Une berline noire se gare. Deux hommes suspects en trench-coat et portant chapeau en émergent.

NASH – PLAN RAPPROCHÉ. Vraiment nerveux.

Puis deux femmes sortent de la voiture, suivies de leurs enfants. Pas des tueurs, simplement deux familles. PLAN ÉLARGI...

John se tourne pour faire face à la classe pleine d'étudiants, tous le dévisageant avec embarras. Ses yeux sont vides alors qu'il se dirige vers son bureau.

NASH – Bienvenue à la deuxième partie du calcul différentiel à plusieurs variables. (à partir de plaquettes sur son bureau) **Voici l'examen final que je donnerai dans dix semaines. La participation au cours n'est ni attendue ni souhaitée. Passez une bonne journée.**

Il s'en va, laissant derrière lui le groupe d'étudiants stupéfait.

INT. – MIT – QUARTIER GÉNÉRAL DE WHEELER – COULOIR – CRÉPUSCULE

Le soleil couchant dessine de longues ombres. Nash tire sa porte pour la fermer. Il tourne, se heurtant pratiquement à Parcher.

NASH – (faisant un bond en arrière) **Bon Dieu!** (se ressaisissant) **J'allais justement venir vous voir. Je deviens paranoïaque. Chaque fois qu'une voiture pétarade.**

Parcher hoche la tête, semblant tout sauf surpris.

PARCHER – Je comprends. Mieux que vous ne pourriez l'imaginer.

NASH – Je ne peux pas continuer à faire ça.

Les yeux de William paraissent particulièrement tristes. Il reconduit John dans...

INT. – BUREAU DE NASH – COUCHER DE SOLEIL

Sombre. Rideaux tirés.

PARCHER – Il faut vous calmer, John.

Parcher leads John to a chair, then sits across from him.

PARCHER – Great deeds[1] come at great cost. Your words, John. We're closing in on the bomb, in large part due to your work. Isn't your fear a small price to pay?

NASH – My situation has changed. I have just found out Alicia is pregnant[2].

PARCHER – I told you attachments were dangerous. You chose to marry the girl. I did nothing to prevent it. Don't make me regret that.

NASH – What do you mean, prevent it?

William's answer is only silence.

PARCHER – The best way to insure everyone's safety is to continue your work.

NASH – That's bullshit. I'll just quit.

PARCHER – No. You won't.

NASH – Why the hell not?

PARCHER – Because I keep the Russians from knowing you work for us.

It's finally now when John realizes what's wrong with Parcher's eyes. They're dead.

PARCHER – If you quit working for me, I quit working for you.

In the dying light, William turns, heads out the door.

INT. – MIT – WHEELER HEADQUARTERS – HALLWAY

Nash emerges a beat later, shaking off the shock.

NASH (SHOUTING) **– Parcher! PARCHER!**

Sol emerges from his door, stares at Nash, Obviously concerned.

SOL – You okay? Who are you shouting at?

1. **deed** : 1. (ici) *action* ; 2. *acte notarié.*

2. **pregnant** : 1. (ici) *enceinte* ; 2. *lourd, chargé de sens.*

Parcher conduit John à une chaise, puis s'assied en face de lui.

PARCHER – Les grandes actions ont un coût élevé. Vos mots, John. Nous nous rapprochons de la bombe, en grande partie grâce à votre travail. Votre peur n'est-elle pas un faible prix à payer ?

NASH – Ma situation a changé. Je viens de découvrir qu'Alicia est enceinte.

PARCHER – Je vous avais dit que s'attacher était dangereux. Vous avez choisi d'épouser la fille. Je n'ais rien fait pour vous en empêcher. Ne me le faites pas regretter.

NASH – Que voulez-vous dire, l'empêcher ?

La réponse de William n'est que silence.

PARCHER – La meilleure façon d'assurer la sécurité de chacun est de continuer votre travail.

NASH – C'est de la connerie. Je vais tout simplement laisser tomber.

PARCHER – Non, vous ne ferez pas ça.

NASH – Et pourquoi, bon Dieu ?

PARCHER – Parce que j'empêche les Russes de savoir que vous travaillez pour nous.

C'est finalement alors que John se rend compte de ce qui ne va pas avec les yeux de Parcher. Ils sont morts.

PARCHER – Si vous arrêtez de travailler pour moi, j'arrête de travailler pour vous.

Dans la lumière tombante, Parcher se tourne, se dirige vers la porte pour sortir.

INT. – MIT – QUARTIER GÉNÉRAL DE WHEELER – COULOIR

Nash émerge un moment plus tard, se remettant du choc.

NASH – (CRIANT) **Parcher ! PARCHER !**

Sol apparaît à sa porte, dévisage Nash, manifestement préoccupé.

SOL – Tu vas bien ? Tu cries après qui ?

But Nash doesn't answer, just stares after Parcher as the front door kisses closed behind him.

INT. – NASH'S APARTMENT – SUN PORCH – LATE NIGHT

Nash sits, his back to us, in the dark, peeking through the blinds. Alicia ENTERS.

ALICIA (OVER) – **John?**

Alicia flicks on the light, standing now in the doorway.

NASH (spinning) – **Turn it off.**

We see his face now, unshaven, cheeks hollow, eyes wide.

NASH – Turn off the light.

He is up, lamp SMASHING into the wall.

NASH – Why would you do that? Why would you turn he light on?

Alicia's hand has moved to her stomach.

ALICIA – What's wrong with you?

John stares at her another beat. Then he turns and peeks through one of the blinds.

NASH – They're out there.

OUT THE WINDOW. A black sedan. An identical car pulls up beside it. A shadow inside the first car points towards John's apartment.

ALICIA (moving towards the window) – **Who's out there?**

But John moves forward, blocks her way with his arm.

NASH – They don't necessarily know you're here.

ALICIA – Who? What are you talking about?

John just stares at her. When his VOICE comes, it's soft.

NASH – Go to your sister's. I left the car around back. Take Commonwealth Avenue. No side streets, stay where it's crowded. Go to your sister's, wait for me to call you.

Mais Nash ne répond pas, regarde juste Parcher alors que la porte d'entrée se ferme doucement derrière lui.

INT. – APPARTEMENT DE NASH – VÉRANDA – TARD LA NUIT

Nash est assis, nous tournant le dos, dans le noir, regardant furtivement à travers les stores. Alicia ENTRE.

ALICIA (OFF) **John ?**

Alicia allume la lumière, debout maintenant sur le seuil.

NASH – (se tournant) **Éteins-la.**

On voit son visage maintenant, pas rasé, les joues creuses, les yeux vides.

NASH – Éteins la lampe.

Il est debout, brisant la lampe contre le mur.

NASH – Pourquoi veux-tu faire cela ? Pourquoi veux-tu allumer la lumière ?

La main d'Alicia s'est déplacée vers son ventre.

ALICIA – Qu'est-ce que tu as ?

Nash la fixe à nouveau. Puis il se tourne et jette un coup d'œil au travers d'un des stores.

NASH – Ils sont là dehors.

AU-DEHORS DE LA FENÊTRE. Une berline noire. Une voiture identique se gare à côté d'elle. Une ombre à l'intérieur de la première montre l'appartement de Nash.

ALICIA (se déplaçant vers la fenêtre) **Qui est-ce, dehors ?**

Mais John s'avance, bloque son passage de son bras.

NASH – Ils ne savent pas forcément que tu es là.

ALICIA – Qui ? De quoi parles-tu ?

John la regarde seulement. Quand sa VOIX sort, elle est tendre.

NASH – Va chez ta sœur. J'ai laissé la voiture au coin derrière. Prends l'avenue Commonwealth. Pas de rues transversales, reste là où il y a du monde. Va chez ta sœur, attends que je t'appelle.

ALICIA – **John, what's going on? Please, you've got to talk to me.**

NASH (exploding) – **Go. Now. GET OUT! GO!**

Alicia takes an involuntary step backwards, and John SLAMS the door. Then he goes back to the window.

INT. – NASH'S BEDROOM

HOLD on Alicia, expression indecipherable. Too much time passes. Then she goes to the phone and lifts the receiver.

EXT. – HARVARD UNIVERSITY[1] – DAY

Nash climbs the steep steps of the Mathematics Quad. His suit looks slept in. He keeps glancing behind him.

MARCEE (OVER) – **Mean Uncle John, Mean Uncle John.**

A small, familiar figure, runs up to greet him. She raises her hands high over her head, bares her teeth and looses a savage GROWL.

MARCEE – **See, I remembered.**

NASH – **You sure did.**

He lifts her up in his arms and hugs her, tight, eyes closing against the smell of her small girl's hair. Sets her down.

CHARLES – **Someone really needed a hug.** (clasps John's hand) **Saw you on the slate. Couldn't miss hearing a guest lecture by the inimitable John Nash.**

Nash's smile is weak.

CHARLES – **What is it? What's wrong?**

NASH – **I'm into something. ... I need help.**

CHARLES (darkening) – **What? Tell me...**

John looks like he's about speak. Then...

VOICE (OVER) – **Professor Nash...**

---

1. **Harvard** : université privée créée en 1636 ; c'est le plus ancien établissement d'enseignement supérieur américain.Harvard fait partie de l'**Ivy League**, association des huit universités les plus anciennes des États-Unis. C'est la plus riche. Plus de 130 nationalités y sont représentées. Parmi les personnalités qui y ont fait leurs études on compte 45 prix Nobel, 8 présidents américains, dont **Franklin Roosevelt, John F. Kennedy, George Bush, Barack Obama.**

ALICIA – John, qu'est-ce qui se passe ? S'il te plaît, il faut que tu me parles...

NASH – (explosant) **Pars. Maintenant. SORS ! VA-T'EN !**

Alicia fait involontairement un pas en arrière, et John claque la porte. Puis il revient à la fenêtre.

INT. – CHAMBRE À COUCHER DE NASH

ON RESTE SUR Alicia, expression indéchiffrable. Trop de temps passe. Puis elle va au téléphone et soulève le récepteur.

EXT. – UNIVERSITÉ DE HARVARD – JOUR

Nash monte les marches du bâtiment des Maths. Il paraît avoir dormi dans son costume. Il ne cesse de regarder derrière lui.

MARCEE (OFF) – **Vilain oncle John, vilain oncle John.**

Une petite silhouette familière court pour le saluer. Elle lève ses mains haut au-dessus de sa tête, montre ses dents et lâche un GROGNEMENT sauvage.

MARCEE – Tu vois, je m'en souviens.

NASH – Ça, c'est sûr.

Il la soulève et la serre très fort dans ses bras, les yeux se fermant contre l'odeur de cheveux de la petite fille. La repose à terre.

CHARLES – Quelqu'un avait vraiment besoin d'une étreinte. (Il serre la main de John). **Je t'ai vu sur la liste. Pouvais pas manquer d'écouter une conférence de l'invité d'honneur, l'inimitable John Nash.**

Faible sourire de Nash.

CHARLES – Qu'est-ce qu'il y a ? Qu'est-ce qui ne va pas ?

NASH – Je suis dans quelque chose... J'ai besoin d'aide.

CHARLES – (s'assombrissant) **Quoi ? Dis-moi...**

Nash a l'air d'être sur le point de parler. Puis...

VOIX (OFF) – **Professeur Nash...**

A GRADUATE STUDENT is crossing the courtyard, beckoning him towards the open door of the main mathematics building.

NASH – We'll talk after. Okay?

Before Charles can stop him, Nash heads inside.

INT. – HARVARD – LECTURE HALL

John stands on stage, a blackboard scrawled with numbers behind him. He is speaking, staring out into the audience.

NASH – ... And so we see that if the zeroes of the Riemann[1] zeta function correspond to singularities in space time then conventional number theory breaks down in the face of relativistic exploration...

Nash's VOICE trails off. A couple of MEN have ENTERED the upper balcony, wearing overcoats and hats.

NASH – Sometimes, our expectations are betrayed by the numbers...

Another MAN has emerged at the top of the center aisle, also in overcoat and top hat.

NASH – And variables are impossible to assign[2] any rational value...

Nash has moved forward to the Graduate Student in the front row.

NASH – Is there another way out of here?

The student, confused, points to a side door. Nash turns and rushes off stage. The audience stares in befuddled[3] wonder.

EXT. – HARVARD MATHEMATICS QUAD – HIGH ANGLE

Nash races across the quad, evading two Men in overcoats who burst from the building, giving chase.

---

1. **Bernhard Riemann** : (1826-1866), mathématicien allemand, professeur à l'université de Göttingen en 1857 ; il meurt de tuberculose à 39 ans. Son hypothèse sur la répartition des nombres premiers n'a toujours pas été démontrée.

2. **to assign** [ə'saɪn] : 1. (ici) *attribuer* ; 2. *nommer, désigner* ; 3. *céder, transférer.*

3. **to befuddle** : 1. (ici) *embrouiller* ; 2. *griser, enivrer.*

UN ÉTUDIANT DE TROISIÈME CYCLE traverse la cour, lui faisant signe d'approcher vers la porte ouverte du principal bâtiment des mathématiques.

NASH – Nous parlerons après. D'accord ?

Avant que Charles puisse l'arrêter, Nash entre à l'intérieur.

INT. – HARVARD – SALLE DE CONFÉRENCES

John est debout sur l'estrade, un tableau noir couvert de chiffres griffonnés derrière lui. Il parle, dévisageant l'audience.

NASH – ... Et ainsi nous voyons que si les zéros de la fonction zêta de Riemann correspondent à des singularités dans l'espace-temps, alors la théorie classique des nombres s'effondre devant l'exploration relativiste...

La voix de Nash s'estompe. Deux HOMMES sont entrés sur le balcon du dessus, portant manteau et chapeau.

NASH – Parfois, nos prévisions sont trahies par les chiffres...

Un autre HOMME est apparu en haut de l'aile centrale, portant lui aussi manteau et chapeau.

NASH – Et on ne peut donner aucune valeur rationnelle aux variables...

Nash s'est avancé vers l'étudiant de troisième cycle au premier rang.

NASH – Est-ce qu'il y a une autre sortie ici ?

L'étudiant, surpris, lui montre une porte latérale. Nash se détourne et quitte l'estrade en courant. L'auditoire suit la scène avec stupéfaction.

EXT. – BÂTIMENT DES MATHÉMATIQUES DE HARVARD – PLAN EN PLONGÉE

Nash traverse en courant la place centrale, échappant aux deux hommes en manteau qui sortent précipitamment du bâtiment, le poursuivant.

EXT. – HARVARD MATHEMATICS QUAD – DAY

Nash is running down the main steps when another Man appears at the base of the stairway, blocking his way. Nash stops cold.

MAN – Professor Nash.

Nash spins. One of the Men from the lecture hall is descending the steps towards Nash. Nowhere to run.

MAN – Let's avoid a scene[1], shall we?

NASH – What do you want?

MAN – My name is Dr. Rosen. I'm a psychiatrist[2].

NASH – You will forgive me if I don't seem persuaded.

ROSEN – I'd like you to come with me, John. Just for a chat.

NASH – And if I say no?

ROSEN – I have a court order signed by a judge. I hope we can proceed without any unpleasantness.

He continues down towards Nash. John offers a charming smile.

NASH – Well I suppose I don't have much choice.

That's when John hauls off and DECKS[3] him, hard, across the face. Bolts towards the street.

The other men are on him in a second. One grabs him, taking Nash rolling down the cement steps before restraining him.

NASH – Get away from me. Don't you think I know who you are?

Rosen approaches, pulling a hypo[4] from a case in his coat.

NASH (shouting) **– Somebody! Stop them!**

People are watching. At the top of the steps, Charles and Marcee have emerged. John spot them.

NASH – Charles. Help me. They're Russians.

That's when Rosen sinks the needle into his arm.

---

1. **scene** [siːn] : 1. (ici) *scène, incident*; 2. *scène, situation* (politique); 3. (théâtre, ciné) *scène, séquence*; 4. *lieu, endroit.*

2. **psychiatrist** [saɪˈkaɪətrɪst].

3. **to deck** : *frapper, envoyer au tapis.*

4. **hypo** [ˈhaɪpəʊ] : abrégé de **hypodermic** : 1. (ici) *seringue hypodermique*; 2. *injection hypodermique.*

EXT. – BÂTIMENT DES MATHS – JOUR

Nash descend les marches en courant quand un autre homme apparaît en bas de l'escalier, lui bloquant le passage. Nash s'arrête net.

HOMME – Professeur Nash.

Nash se tourne. Un des hommes de la salle de conférences descend les marches vers Nash. Nulle part pour fuir.

HOMME – Évitons une scène, n'est-ce pas ?

NASH – Que voulez-vous ?

HOMME – Je suis le Dr Rosen. Je suis psychiatre.

NASH – Vous voudrez bien me pardonner si je n'en semble pas persuadé.

HOMME – J'aimerais que vous veniez avec moi, John. Juste pour bavarder.

NASH – Et si je refuse ?

HOMME – J'ai une ordonnance du tribunal signée par un juge. J'espère que nous pouvons procéder sans désagrément.

Il continue à s'avancer vers Nash. John lui offre un charmant sourire.

NASH – Eh bien, je suppose que je n'ai guère de choix.

C'est alors que Nash lève le poing et le frappe durement au visage. Se précipite vers la rue.

En une seconde, les autres hommes sont sur lui. L'un d'eux l'attrape, se saisit de Nash dégringolant les marches de l'escalier, avant de le maîtriser.

NASH – Éloignez-vous de moi. Ne savez-vous pas que je sais qui vous êtes ?

Rosen s'approche, sortant une seringue hypodermique d'une boîte dans sa poche.

NASH – (criant) **Quelqu'un ! Arrêtez-les !**

Des gens regardent. En haut des marches, Charles et Marcee sont apparus. John les repère.

NASH – Charles. Au secours. Ce sont des Russes.

C'est alors que Rosen enfonce l'aiguille dans son bras.

ROSEN (gentle) – **There now. All better.**
Nash's struggling begins to slow as the medication takes effect.
ROSEN (to the crowd) – **Everything's all right here.**
The two Men stuff John into the back of the car as Rosen climbs in next to the driver.

INT. – SEDAN – MOVING
Nash stares out the window at Charles coming fast down the steps, Marcee behind him.
Nash raises his hand towards his friend, finding only window glass between them as the car pulls away, leaving the university behind.

CUT TO: INT – OFFICE – EVENING
NASH – POV. DARKNESS. Then light through the blinks of slowly opening eyes reveal Rosen's peering face.
ROSEN – John...
Nash lays on a couch, Rosen sitting over him. Leather chairs, an oak desk, degrees on the walls. Picture perfect.
ROSEN – John, can you hear me?
Nash blinks. Takes in Rosen. Tries to sit up. No luck. He looks down. His hands are bound[1].
ROSEN – Go easy. The Thorazine[2] takes a little while to wear off. (off John's hands) **I'm sorry about the restraints. But...** (rubs his chin) **You have a hell of a right hook[3].**
NASH – Where am I?
ROSEN – Macarthur Psychiatric Hospital.
NASH – I find that highly unlikely.
ROSEN – Who do you think I am, John?
John stares at him a beat.

---

1. **to bind, bound, bound** : 1. (ici) *attacher, lier* ; 2. *border* ; 3. *obliger, contraindre* ; 4. *relier* (livre).

2. **Thorazine** : nom américain de la *chloropromazine*, surnommée *la matraque liquide* ; médicament antipsychotique commercialisé à partir des années 1950, utilisé notamment contre la schizophrénie et les troubles bipolaires (troubles maniaco-dépressifs).

3. **hook** : 1. (ici) *crochet* (boxe) ; 2. *hameçon* ; 3. *crochet, agrafe.*

ROSEN – (doucement) **Là, maintenant. Tout va mieux.**
La résistance de Nash faiblit au fur et à mesure que le médicament fait effet.
ROSEN – (à la foule) **Tout va bien ici.**
Les deux hommes fourrent John à l'arrière de la voiture tandis que Rosen prend place à côté du conducteur.

INT. – BERLINE – EN ROULANT
Nash regarde à travers la fenêtre Charles descendant rapidement les marches, suivi par Marcee.
Nash lève sa main en direction de son ami, ne trouvant que la vitre entre eux alors que la voiture s'éloigne, laissant derrière elle l'université.

INT. – BUREAU – SOIR
POINT DE VUE DE NASH, OBSCURITÉ. Puis la lumière, au travers du clignement des yeux s'ouvrant lentement, révèle le regard attentif du visage de Rosen.
ROSEN – John...
John est étendu sur un divan, Rosen assis à son chevet. Des chaises en cuir, un bureau en chêne, diplôme sur le mur. La parfait tableau.
ROSEN – John, vous m'entendez ?
Nash cligne des yeux, attrape Rosen. Essaie de s'asseoir. Sans succès. Il baisse les yeux. Ses mains sont attachées.
ROSEN – Restez calme. Les effets de la Thorazine prennent un petit moment avant de se dissiper. (écartant les mains de John) **Je suis désolé de ces contraintes. Mais...** (se frottant le menton) **Vous avez un sacré crochet du droit.**
NASH – Où suis-je ?
ROSEN – Hôpital psychiatrique Macarthur.
NASH – Je trouve ça hautement improbable.
ROSEN – Qui croyez-vous que je suis, John ?
John le fixe un moment.

ROSEN – At Harvard, you said I was Russian. What did you mean by that?

NASH – This is a mistake. My work is nonmilitary in application.

ROSEN – What work is that, John?

NASH – I don't know anything, alright?

Rosen's smile is just a little too kind.

ROSEN – There's no good in keeping secrets.

John jumps up, tries for the door. But he goes down, hard. His ankles have restraints around them too.

John looks up from the floor. What he sees chills[1] his bones. Sitting on a window seat in the corner is a single figure. Charles, staring at him sadly.

NASH – Charles?

But his old friend says nothing, just sits there. Rosen has gone to the desk and pressed a buzzer.

NASH (shouting) **– The prodigal roommate revealed! Saw my name on the lecture slate? You lying son of a bitch[2]! How do you say Charles Herman in Russian?**

Charles remains slient. Rosen stares at Nash a beat.

ROSEN – Who are you talking to, John? There's no one there.

Two burly orderlies ENTER.

NASH – What are you talking about? He's right there.

Rosen nods and the orderlies begin dragging him out the door.

NASH – Stop. I don't know anything. Where are you taking me? Stop!

INT. – HALLWAY

The orderlies are dragging John down the hallway.

NASH – My name is John Nash. I am being held against my will. Somebody contact the Department of Defense.

Charles stares at him sadly from the doorway.

---

1. **to chill** : 1. (ici) *glacer* ; 2. *frapper* (champagne).

2. **son of a bitch** : m. à m. *fils de garce, enfant de salope, fils de pute* ; **bitch** : 1. (ici) *garce* ; 2. *chienne, renarde, louve.*

ROSEN – À Harvard, vous disiez que j'étais un Russe. Que vouliez-vous dire par là ?

NASH – C'est une erreur. Mon travail n'a pas d'application militaire.

ROSEN – De quel travail s'agit-il ?

NASH – Je ne sais rien, d'accord ?

Le sourire de Rosen est juste un peu trop gentil.

ROSEN – Il n'y a rien de bon à garder des secrets.

Nash bondit, essaie d'atteindre la porte. Mais il tombe, durement. Ses chevilles ont été entravées également.

John lève les yeux depuis le plancher. Ce qu'il voit le glace d'horreur ; assis sur un siège dans le coin se trouve une silhouette solitaire. Charles, le fixant avec tristesse.

NASH – Charles ?

Mais son vieil ami ne dit rien, se contente d'être assis là. Rosen est allé vers le bureau et presse une sonnette.

NASH – (criant) **Le camarade de chambre prodigue est démasqué ! A vu mon nom sur le tableau des cours ? Salopard de menteur ! Comment dit-on Charles Herman en russe ?**

Charles reste muet. Rosen fixe John un moment

ROSEN – À qui parlez-vous, John ? Il n'y a personne ici

Deux aides-infirmiers de forte carrure ENTRENT.

NASH – De quoi parlez-vous ? Il est juste là.

Rosen hoche la tête et les deux aides-infirmiers commencent à le tirer en dehors de la pièce.

NASH – Arrêtez. Je ne sais rien. Où m'emmenez-vous ?

INT. – COULOIR

Les aides-infirmiers traînent John en bas de l'entrée.

NASH – Je m'appelle John Nash. Je suis retenu contre ma volonté. Que quelqu'un prenne contact avec le ministère de la Défense.

Charles le regarde avec tristesse depuis l'entrée.

NASH – My name is John Nash. I am being held against my will. Somebody contact the Department of Defence.
And he is gone, pulled into the shadows and out of sight.

EXT. – MACARTHUR HOSPITAL – DAY

Steepled brick buildings situated on resplendent browning lawns. Folks wander like ghosts. A sprawling[1] palace of the mad.

INT. – MACARTHUR HOSPITAL CELL – DAY

John Nash sits on a cot in a cell, rocking. PULL BACK...

INT. – MACARTHUR HOSPITAL – HALLWAY

Alicia stands watching John through the window of his cell. She turns now, eyes red, to face Rosen.

ALICIA – What's wrong with him?

ROSEN – John has schizophrenia. He has lost his ability to tell the difference between what is real and what is imagined.
Rosen shuts the sliding viewport on Nash's cell door.

ROSEN – People with this disorder are often paranoid.

ALICIA – But John's work... He deals with conspiracies.

ROSEN – Seeing conspiracies, finding hidden codes, these are the hallmarks of the illness.

ALICIA – No, no. That's what he does–

ROSEN – Yes. In John's world, these behaviors[2] are accepted, encouraged. As such, his illness may have gone untreated longer than is typical.

ALICIA – What do you mean? How long?

---

1. **to sprawl** [sprɔːl] : 1. *s'étaler, s'étendre, être affalé* ; **sprawling** : 1. (ici) *tentaculaire* ; 2. *affalé* ; 3. *informe.*

2. Rappel : **behavior** (US), **behaviour** (GB).

NASH – Je m'appelle John Nash. Je suis retenu contre ma volonté. Que quelqu'un prenne contact avec le ministère de la Défense.

Et il disparaît, tiré dans l'obscurité et hors de vue.

INT. – HÔPITAL MACARTHUR – JOUR

Des bâtiments de brique, surmontés de clochetons, situés sur de splendides pelouses jaunissantes. Des gens errent comme des fantômes. Un palais tentaculaire pour malades mentaux.

INT. – CELLULE DE L'HÔPITAL MACARTHUR – JOUR

Nash est assis sur un lit de camp, se balançant. TRAVELLING ARRIÈRE...

INT. – HÔPITAL MACARTHUR – ENTRÉE

Alicia est debout, observant Nash à travers la vitre de sa cellule. Elle se tourne maintenant, les yeux rouges, pour faire face à Rosen.

ALICIA – Qu'est-ce qui ne va pas chez lui ?

ROSEN – John est atteint de schizophrénie. Il a perdu sa capacité à voir la différence entre ce qui est réel et ce qui est imaginé.

Rosen ferme la fenêtre coulissante de la porte de la cellule de Nash.

ROSEN – Les gens atteints de cette affection sont souvent paranoïaques.

ALICIA – Mais le travail de John... Il s'occupe de conspirations.

ROSEN – Voir des conspirations, trouver des codes cachés sont ce qui caractérise la maladie.

ALICIA – Non, non. C'est ce qu'il fait...

ROSEN – Oui. Dans l'univers de John, ces hallucinations sont acceptées, encouragées. À ce titre, sa maladie a pu se trouver non traitée plus longtemps que de coutume.

ALICIA – Que voulez-vous dire ? Depuis combien de temps ?

Rosen takes a beat, begins walking her down the hallway.

ROSEN – Possibly since graduate school. At least that's when his hallucinations seem to have begun.

ALICIA – What are you talking about? What hallucinations?

ROSEN – One, so far, that I am aware of. An imaginary roommate named Charles Herman.

Alicia looks at Rosen like he's the crazy one.

ALICIA – Charles isn't imaginary. He and John have been best friends since Princeton.

ROSEN – Have you ever met Charles?

Rosen holds her gaze, watches her glimpse then discard the panic.

ROSEN – Has he ever come to dinner?

ALICIA – He's always in town for so little time. Lecturing.

ROSEN – Was he at your wedding?

ALICIA – He had to teach.

ROSEN – Have you ever seen a picture of him? Have you ever spoken with him on the phone?

ALICIA – ... This is ridiculous.

But her words carry more conviction than her eyes.

ROSEN – I phoned Princeton. According to housing records John lived alone.

ALICIA – There's probably just a clerical error[1] at Princeton.

ROSEN – Alicia, I was with John when he saw Charles. There was no one there.

ALICIA – This is absurd.

ROSEN – Which is more likely[2], that your husband, a mathematician with no military training, is a government spy fleeing the Russians...

ALICIA – You're making him sound crazy–

ROSEN – ... Or that he has lost his grip[3] on reality?

---

1. **clerical** : (adj.) 1. (ici) : *de bureau* ; **clerical error,** *faute de copiste, erreur d'écriture* ; 2. *du clergé.*

2. **likely** : 1. (ici) *probable* ; 2. *prometteur.*

3. **grip** : 1. (ici) *prise* ; 2. *étreinte* ; 3. *poignée* ; 4. *machiniste.*

Rosen attend un instant, commence à la raccompagner dans le couloir.

ROSEN – Peut-être depuis l'université. Du moins c'est à ce moment-là que ses hallucinations semblent avoir commencé.

ALICIA – De quoi parlez-vous ? Quelles hallucinations ?

ROSEN – Une, jusqu'ici, dont je me suis rendu compte. Un camarade de chambre imaginaire, appelé Charles Herman.

Alicia regarde Rosen comme si c'était lui qui était fou.

ALICIA – Charles n'est pas imaginaire. Lui et John sont très meilleurs amis depuis Princeton.

ROSEN – Avez-vous jamais rencontré Charles ?

Rosen soutient son regard, l'observe ; un instant paniquée, elle se ressaisit.

ROSEN – Est-il jamais venu dîner ?

ALICIA – Il est toujours en ville pour si peu de temps. Donnant un cours.

ROSEN – Était-il à votre mariage ?

ALICIA – Il devait faire cours.

ROSEN – Avez-vous jamais vu une photo de lui ? Lui avez-vous jamais parlé au téléphone ?

ALICIA – ... Ceci est ridicule.

Mais ses mots comportent plus de conviction que son regard.

ROSEN – J'ai téléphoné à Princeton. Selon les registres de la résidence, John vivait seul.

ALICIA – C'est probablement une erreur de la part de l'adminstration à Princeton.

ROSEN – Alicia, j'étais avec John quand il a vu Charles. Il n'y avait personne là.

ALICIA – C'est absurde.

ROSEN – Qu'est-ce qui est plus vraisemblable, que votre mari, un mathématicien sans formation militaire, est un espion du gouvernement fuyant les Russes...

ALICIA – Vous le faites passer pour fou.

ROSEN – ... Ou qu'il a perdu prise avec la réalité ?

Alicia starts to speak. Then purses her lips, not sure what to say.

ROSEN – The only way I can help John is to show him the difference between what is real and what is in his mind.

ALICIA – What John does is classified[1].

ROSEN – He mentioned a supervisor at Wheeler. William Parcher. Maybe he can clarify things for us. But I can't get to him without clearances.

Alicia stops, eyes narrowing with suspicion.

ALICIA – You want me to help you get the details of my husband's work?

Rosen's sudden smile seems forced.

ROSEN – John thinks I'm a Russian spy. Is that what you think?

Alicia is silent. Holds Rosen's eyes.

ROSEN – You called me, Alicia. You knew something was wrong.

ALICIA – He wasn't sleeping. I wanted someone to talk with him. Bender recommend –

ROSEN – So your Mr.Bender, is he part of this conspiracy as well?

Alicia stares at him a beat. Unsure. Then...

ALICIA – This was all a mistake. He's just overtired. I'll take him home now.

ROSEN – Alicia, no one wants someone they love to be sick.

ALICIA – What I want is my husband released.

She's growing agitated. Rosen's smile is full of compassion.

ROSEN – John's been given something to sleep. Come back in the morning. Nine AM.

ALICIA – I'm not leaving him here.

---

1. **classified** ['klæsɪfaɪd] : 1. (ici) *secret, confidentiel*; 2. *classé*. **The classifieds** : *les petites annonces.*

Alicia commence à parler. Puis pince les lèvres, ne sachant trop que dire.

ROSEN – La seule manière pour que je puisse aider John c'est de lui montrer la différence entre ce qui est réel et ce qu'il y a dans son esprit.

ALICIA – Ce que fait John est top secret.

ROSEN – Il a mentionné un directeur à Wheeler. William Parcher. Peut-être peut-il éclaircir les choses pour nous. Mais je ne peux l'approcher sans autorisation.

Alicia s'arrête, la méfiance lui faisant plisser les yeux.

ALICIA – Vous voulez que je vous aide à obtenir des détails sur le travail de mon mari ?

Le sourire soudain de Rosen paraît forcé.

ROSEN – John pense que je suis un espion russe. Est-ce cela que vous pensez ?

Alicia reste silencieuse. Soutient le regard de Rosen.

ROSEN – Vous m'avez fait venir, Alicia. Vous saviez que quelque chose n'allait pas.

ALICIA – Il ne dormait pas. Je voulais que quelqu'un lui parle. Bender a recommandé...

ROSEN – Ainsi, votre M. Bender fait lui aussi partie de cette conspiration ?

Alicia le fixe un instant. Incertaine. Puis...

ALICIA – Tout cela a été une erreur. Il est juste surmené. Je vais le ramener à la maison.

ROSEN – Alicia, personne ne veut que celui qu'on aime soit malade.

ALICIA – Ce que je veux, c'est que mon mari soit libéré.

Elle commence à s'agiter. Le sourire de Rosen est plein de compassion.

ROSEN – On a administré à John quelque chose pour le faire dormir. Revenez demain matin. À neuf heures.

ALICIA – Je ne vais pas le laisser ici.

ROSEN – He attacked me. I've committed him Alicia. It's not up to you anymore.

She stares at him, fighting back the fear.

ROSEN – After you've had a good night's rest, if we still can't agree on what's best for John I'll release him into your custody[1].

Alicia stares at him. Nowhere to go. Finally...

ALICIA – Nine. And I want him ready to leave.

And with that she walks off. HOLD on Rosen as he watches her go.

EXT. – NASH APARTMENT – NIGHT

Dark. A light burns in the office window.

INT. – NASH APARTMENT – OFFICE – NIGHT

Alicia is rifling through John's desk. She finds his address book in a drawer. Opens it to Charles Herman's phone number.

Alicia reaches for the phone and dials the number. (OVER) The RING signal CLICKS.

OPERATOR – This is the operator. You are calling a non-working number.

HOLD an Alicia's face. Eyes hollow, like a ghost's.

EXT. – MIT – WHEELER COMPOUND – MORNING – LONG SHOT

Alicia stands at the guard booth. Sol and Bender run up to greet her, clearing the guard to raise the barricade.

EXT. – MIT – WHEELER HEADQUARTERS – MORNING

Alicia is moving towards the main building, a woman on a mission, Sol and Bender trailing behind.

BENDER – What did the doctor say?

SOL – Is he sick?

---

1. **custody** : 1. ici) *garde* ; 2. *garde à vue, emprisonnement, détention préventive.*

ROSEN – Il m'a agressé. Je l'ai interné, Alicia. Cela ne dépend plus de vous.

Elle le dévisage, luttant contre la peur.

ROSEN – Quand vous aurez eu une bonne nuit de repos, si nous ne nous mettons toujours pas d'accord sur ce qui est le mieux pour John, je le remettrai à votre garde.

Alicia le fixe. Nulle part où aller. Finalement...

ALICIA – Neuf heures du matin. Et je veux qu'il soit prêt à partir.

Et sur ce, elle s'en va. ON RESTE sur Rosen alors qu'il la regarde partir.

EXT. – APPARTEMENT DE NASH – NUIT

Alicia fouille dans le bureau de John. Elle trouve son carnet d'adresses dans un tiroir. Elle l'ouvre au numéro de téléphone de Charles Herman.

Alicia se saisit du téléphone et compose le numéro. (OFF) Le signal d'appel se déclenche.

OPÉRATEUR – Ici l'opérateur. Vous appelez un numéro non attribué.

ON RESTE sur le visage d'Alicia. Les yeux vides, tels ceux d'un fantôme.

EXT. – MIT – ENCEINTE DE WHEELER – MATIN – PLAN D'ENSEMBLE

Alicia se tient devant la guérite du garde. Sol et Bender courent l'accueillir, autorisant le garde à lever la barrière.

EXT. – MIT – QUARTIER GÉNÉRAL DE WHEELER – MATIN

Alicia se dirige ver le bâtiment principal, une femme en mission, Sol et Bender suivant derrière.

BENDER – Qu'est-ce que le médecin a dit ?

SOL – Est-il malade ?

ALICIA – I need to know what John's been working on.

SOL – Alicia, you can't go in there.

BENDER – You know it's classified. Alicia. Stop.

What she does now is extraordinary. She SLAPS him across the face. Alicia and Bender stand staring at each other, stunned.

INT. – MIT – WHEELER – NASH'S OFFICE – MOMENTS LATER

Sol pushes open the door. The walls, ceiling and windows are covered with scrawled magazine and newspaper clippings[1]. The work is, without question, bizarre, perhaps even mad.

ALICIA – Oh my god.

INT. – MIT – WHEELER – NASH'S OFFICE – MOMENTS LATER

Alicia moves along the wall, staring at John's work.

ALICIA – Why didn't you say something? I mean, all this...

SOL – John's always been, you know, weird.

BENDER – He said he was doing code breaking. That it was eyes only.

SOL – Top secret. Part of the military effort.

ALICIA – Was he?

SOL – It's possible. Directives come down all the time that some of us aren't cleared[2] for. It was possible.

BENDER – Possible. But not likely. Lately he's seemed more and more agitated. Then you called...

ALICIA – So this is all he's been doing every day? Cutting up magazines.

Sol and Bender exchange a look.

SOL – Not exactly all.

---

1. **clipping** : 1. (ici) *coupure* (journaux) ; 2. *petit bout, rognure.*

2. **to clear** : 1. (ici) *autoriser* ; 2. *débarrasser* ; 3. *clarifier* ; 4. *innocenter, disculper* ; 5. *franchir* ; 6. *finir, terminer* ; 7. *pacifier.*

ALICIA – J'ai besoin de savoir sur quoi travaillait John.

SOL – Alicia, tu ne peux pas t'aventurer là.

BENDER – Tu sais que c'est classé secret. Alicia. Arrête.

Ce qu'elle fait alors est extraordinaire. Elle lui claque le visage. Alicia et Bender restent debout, se dévisageant, abasourdis.

INT. – MIT – WHEELER – BUREAU DE NASH – QUELQUES INSTANTS PLUS TARD

Sol pousse la porte. Les murs, le plafond et les fenêtres sont couverts de coupures griffonnées de journaux et de magazines. Le travail est, sans équivoque, bizarre, peut-être même démentiel.

ALICIA – Ô mon Dieu.

INT. – MIT – WHEELER – BUREAU DE NASH – QUELQUES INSTANTS PLUS TARD

Alicia se déplace le long du mur, regardant le travail de John.

ALICIA – Pourquoi n'avez-vous rien dit ? Je veux dire, tout ceci...

SOL – John a toujours été, tu sais, étrange.

BENDER – Il disait qu'il déchiffrait des codes. Que c'était uniquement en visionnant.

SOL – Top secret. Partie de l'effort militaire.

ALICIA – Vraiment ?

SOL – C'est possible. Des directives arrivent tout le temps, auxquelles, pour certaines, nous n'avons pas l'autorisation d'accéder. C'était possible.

BENDER – Possible. Mais peu probable. Ces derniers temps, il paraissait de plus en plus agité. Puis tu as appelé...

ALICIA – Ainsi c'est tout ce qu'il a fait jour après jour ? Découper des magazines.

Sol et Bender échangent un regard.

SOL – Pas vraiment tout.

EXT. – MIT – WHEELER COMPOUND – WALKING – DAY

Bender, Alicia and Sol walk the row of abandoned warehouses.

SOL – He keeps coming down here.

BENDER – We figured[1] he was thinking.

SOL – He used to do that a lot at school.

BENDER – Ride his bike in figure eights.

SOL – Just thinking.

PULL BACK TO REAVEAL... The three of them face the warehouse that housed William's secret lab. No armed guard. Alicia pushes inside.

INT. – WAREHOUSE – DAY

No secret lab. No personnel. Just sunlight painting the dust through the windows. PULL BACK as Alicia stands alone in the giant, empty space.

BENDER – He's been going in here. You hear him sort of... talking to himself.

ALICIA (turning) **– I need John's supervisor. I need to talk to William Parcher.**

SOL – CLOSE. His frown is inscrutable.

EXT. – MACARTHUR – GARDENS – MORNING – WALKING

Crisp. Sunny. John alternately paces and stares out at the hills beyond. His hands are bound. A burly Orderly stands sentry a few feet behind.

ROSEN (OVER) **– How are you this morning, John?**

John turns to face Rosen. All around them, patients mill[2].

---

1. **to figure** : 1. (ici) *penser* ; 2. *figurer, apparaître.*

2. **to mill** : 1. (ici) *aller çà et là, grouiller* ; 2. *moudre.*

EXT. – MIT – ENCEINTE WHEELER – EN MARCHANT – JOUR

Bender, Alicia et Sol marchent dans la rangée des entrepôts abandonnés.

SOL – Il ne cesse de venir ici.

BENDER – Nous pensions qu'il réfléchissait.

SOL – Il faisait beaucoup cela à l'école.

BENDER – Rouler à bicyclette en faisant des huit.

SOL – Réfléchissant simplement.

TRAVELLING ARRIÈRE POUR LAISSER VOIR... Tous les trois en face de l'entrepôt qui abritait le laboratoire secret de William. Pas de garde armé. Alicia se présente à l'intérieur.

INT. – ENTREPÔT – JOUR

Pas de labo secret. Pas de personnel. Uniquement la lumière du soleil révélant la poussière à travers les fenêtres. TRAVELLING ARRIÈRE alors qu'Alicia se tient (debout) seule dans l'immense espace, vide.

BENDER – Il vient souvent ici. On l'entendait comme s'il se parlait à lui-même.

ALICIA – Il me faut le directeur de John. Il faut que je parle à William Parcher.

SOL – PLAN RAPPROCHÉ. Son froncement de sourcil est impénétrable.

EXT. – MACARTHUR – JARDINS – MATIN – EN MARCHANT

Air vif. Ensoleillé. John marche et, tour à tour, observe les collines au loin. Ses mains sont attachées. Un aide-infirmier baraqué monte la garde à quelques pas derrière lui.

ROSEN – Comment allez-vous ce matin, John ?

John se tourne pour faire face à Rosen. Tout autour d'eux, des malades vont çà et là.

NASH – Well it seems obvious by now that you're not going to kill me. You can imagine that's a load off my mind.

Rosen can't help but smile.

ROSEN – You still think I'm a Russian spy?

NASH – You still want to pretend you're not?

ROSEN – You are a rational man. Let me appeal to your rationality. Why do you think I didn't see Charles in my office?

NASH – I think you did see him. I think you're trying to drive me into some kind of nervous breakdown.

ROSEN – And why would I want to do that?

NASH – To find out if I know anything.

Rosen nods. He doesn't seem surprised.

ROSEN – So Charles, is he conspirator too?

NASH – Maybe you forced him to cooperate. Maybe you threatened Marcee.

ROSEN – Marcée? Who is Marcee, John?

NASH – I am not moved by your feigned[1] ignorance.

Rosen just smiles, shakes his head.

ROSEN – And your wife. She phoned me. Is she part of this also?

John stumbles[2] a beat. Then recovers.

NASH – She's confused.

ROSEN – Is she, John? Or is it possible that you're confused? (a beat) **Look at Mr. Engle over there...**

Rosen motions across the courtyard. A white haired man stands in a corner, gesturing angrily, TALKING to thin air.

ROSEN (OVER) **– For years people have referred to madness as being without reason. But that isn't true. That fellow is as reasonable as you or I.**

---

1. **feigned** se prononce [feɪnd].

2. **to stumble** : 1. (ici) *broncher* ; 2. *trébucher, faire un faux pas, chanceler.*

NASH – Bien, il semble évident à l'heure qu'il est que vous n'allez pas me tuer. Vous pouvez imaginer le soulagement que j'éprouve.

Rosen ne peut réprimer un sourire.

ROSEN – Vous pensez toujours que je suis un espion russe ?

NASH – Vous voulez toujours prétendre que vous n'en êtes pas un ?

ROSEN – Vous êtes un homme rationnel. Laissez-moi faire appel à votre raison. Pourquoi pensez-vous que je n'ai pas vu Charles dans mon bureau ?

NASH – Je pense que vous l'avez vraiment vu. Je pense que vous essayez de m'entraîner dans une sorte de dépression nerveuse.

ROSEN – Et pourquoi voudrais-je faire cela ?

NASH – Pour savoir si je sais quelque chose.

Rosen hoche la tête. Il ne semble pas surpris.

ROSEN – Alors Charles, c'est aussi un conspirateur ?

NASH – Vous l'avez peut-être forcé à coopérer. Vous avez peut-être menacé Marcee.

ROSEN – Marcee ? Qui est Marcee ?

NASH – Votre feinte ignorance ne m'émeut pas.

Rosen se contente de sourire, secoue la tête.

ROSEN – Et votre épouse. Elle m'a téléphoné. Fait-elle aussi partie de cela ?

Nash hésite un instant. Puis se reprend.

NASH – Elle est désorientée.

ROSEN – Vraiment ? Ou bien est-il possible que ce soit vous ? (un temps) **Regardez M. Engle, là-bas...**

Rosen désigne le fond de la cour. Un homme aux cheveux blancs est debout dans un coin, faisant des gestes de colère. Parlant dans le vide.

ROSEN – Pendant des années, on a fait référence à la folie comme étant une perte de la raison. Mais ce n'est pas vrai. Ce bonhomme est aussi raisonnable que vous et moi.

The white haired man begins to plead and SHOUT.

ROSEN (OVER) – **We simply cannot see his reason. We cannot see the invisible adversary who makes him so angry. But he can, as clear as he sees you or me.**

Rosen stops, puts his hand on John's arm.

ROSEN – Look back on the times with Charles and Marcee.

NASH – I will not play this game with you.

ROSEN – Is it possible that, like him, you were really alone?

NASH – I will not indulge[1] this.

ROSEN – John, insulin shock has been known to reduce delusions.

John stops, anger flashing in his eyes.

NASH – The other shoe[2] falls. What do you want to give me? Sodium pentothal?

ROSEN – Just insulin–

John knocks Rosen's hand away with his bound wrists. Despite his spiking[3] temper, John seems almost relieved[4].

NASH – Nastrovia, Comrade Rosen. I told you, I don't know anything. (voice rising) **But if this means and end to this goddamned charade, then come on. Drug me.**

The Orderly has moved in. John spins to face the man.

NASH – Come on!

But Rosen stops the Orderly with a gesture. Turns to face Nash.

ROSEN – There's no plot against you, John. You're going to have to accept that. I won't force treatment on you. Let's take you back to your room now.

This turn seems to throw John. His expression darkens.

NASH – This is insane.

---

1. **to indulge** : 1. (ici) *se livrer à* ; 2. *se permettre* ; 3. *gâter* ; 4. *assouvir.*

2. **shoe** : 1. (ici) *truc, procédé,* rendu ici par *affabulation* ; 2. *chaussure.*

3. **to spike** : 1. (ici) *contrarier* ; 2. *transpercer* ; 3. *corser* ; 4. *rejeter.*

3. **to relieve** [rɪ'liːv] : 1. (ici) *soulager* ; 2. *dissiper, briser* ; 3. *secourir, venir en aide* ; 4. *délivrer, lever* (siège).

L'homme aux cheveux blancs commence à argumenter et à CRIER.

ROSEN (OFF) – **Simplement nous ne pouvons pas voir sa raison. Nous ne pouvons voir l'adversaire invisible qui le rend si furieux. Mais lui peut le voir aussi clairement qu'il nous voit, vous et moi.**

Rosen s'arrête, pose sa main sur le bras de Nash.

ROSEN – Remémorez-vous les moments passés avec Charles et Marcee.

NASH –Je ne jouerai pas à ce jeu avec vous.

ROSEN – Est-il possible que, comme lui, vous étiez réellement seul ?

NASH – Je ne me laisserai pas aller à cela.

ROSEN – John, le choc dû à l'insuline est connu pour réduire les illusions.

John s'arrête, les yeux brillants de colère.

NASH – Cette autre affabulation s'écroule. Que voudrez-vous me donner ? Du pentothal au sodium ?

ROSEN – Seulement de l'insuline.

John écarte en la frappant la main de Rosen avec ses poignets attachés. En dépit de son humeur contrariée, John paraît presque soulagé.

NASH – Nastrovia, camarade Rosen. Je vous l'ai dit, je ne sais rien. (élevant la voix) **Mais si cela signifie la fin de cette foutue parodie, alors allons-y. Droguez-moi.**

L'aide-infirmier est entré. John se tourne pour faire face à l'homme.

NASH – Approchez !

Rosen stoppe l'aide-infirmier d'un geste. Se tourne pour faire face à John.

ROSEN – Il n'y a pas de complot contre vous, John. Il va vous falloir accepter cela. Je ne vous imposerai pas un traitement. On vous ramène dans votre chambre, maintenant.

Cette volte-face semble déconcerter Nash. Son expression s'assombrit.

NASH – C'est démentiel.

Rosen's expression is sad.

ROSEN – Yes, John. I'm afraid it is.

EXT. – CAMBRIDGE STREET – DAY

Alicia is walking up a familiar street. She stops, looks up.

EXT. – CAMBRIDGE STREET – MANSION – DAY

The same house we've seen before. And terribly different. Broken windows. Dilapidated[1] side boards. Long ago deserted.Alicia walks to the front gate. The remains of an aging lock pad hangs by wires. Broken. She pushes the gate, CREAKING, open.

EXT. – CAMBRIDGE MANSION – DAY

An old mailbox sits ahead. A rusting pad lock hangs at its base. Alicia looks up at the empty house. Then she lifts a large rock and begins HAMMERING[2] away at the lock, face determined.

INT. – MACARTHUR – COMMON ROOM – EVENING

Alicia sits alone, uncomfortable. Other patients at other long tables. Vacant stares. Alicia's eyes go to an opening door.
John ENTERS, escorted by two orderlies. He sits at the table across from her. The orderlies retire to a table not far off.
Alicia reaches across and takes his hands, holds them in hers. The pain on her face is palpable.

ALICIA – John, I'm so sorry.

NASH (nodding) **I've been thinking about it. Of course I must have looked mad to you. What choice did you have? But I can explain now.**

---

1. **dilapidated** [dɪ'læpɪdeɪtɪd] : *délabré, déglingué*. Attention : le français *dilapider* = **to waste, to squander.**

2. **to hammer** : 1. (ici) *marteler* ; 2. *foncer, aller à fond de train.*

L'expression de Rosen est triste.

ROSEN – Oui, John, ça l'est, je le crains..

EXT. – RUE DE CAMBRIDGE – JOUR

Alicia remonte une rue familière. Elle s'arrête, lève les yeux.

EXT. – RUE DE CAMBRIDGE – DEMEURE – JOUR

La même maison que nous avions vue auparavant. Et terriblement différente. Fenêtres brisées. Planches délabrées. Abandonnée depuis longtemps.
Alicia marche jusqu'à la grille d'entrée. Les restes d'un vieux cadenas sont accrochés par des fils de fer. Cassés. Elle l'ouvre en la poussant. GRINCEMENT, elle s'ouvre.

EXT. – DEMEURE À CAMBRIDGE – JOUR

Une vieille boîte aux lettres se trouve devant. Un cadenas rouillé est accroché à sa base.
Alicia lève les yeux sur la maison vide. Puis elle ramasse une grosse pierre avec laquelle elle commence à marteler le cadenas, le visage déterminé.

INT. – MACARTHUR – SALLE COMMUNE – JOUR

Alicia est assise, seule, mal à l'aise. D'autres patients à d'autres longues tables. Regards vides. Les yeux d'Alicia se dirigent vers une porte qui s'ouvre.
John ENTRE, escorté par deux aides-soignants. Il s'assied à la table en face d'elle. Les aides-infirmiers se retirent vers une table non loin.
Alicia le rejoint et lui prend les mains, les maintient dans les siennes.
La douleur sur son visage est manifeste.

ALICIA – John, je suis désolée.

NASH – (hochant la tête) **J'ai réfléchi à cela. Bien sûr, j'ai pu te sembler fou. Quel choix avais-tu ? Mais je peux expliquer maintenant.**

ALICIA – I was so worried.

NASH – It's going to be alright. But we have to speak quietly. They may be listening. There may be microphones.

Alicia bites her lip, tries not to react.

NASH – I'm going to tell you everything, now. I'm breaking protocol. But you've got to know. You've got to help me get out of here. (a beat) **I've been doing top secret work for the government. There's a threat of catastrophic proportions... I think the Reds must believe I'm too high profile to simply do away with. So they're trying to keep me here. So I can't do my work.**

Alicia is staring at him, fighting back the tears.

NASH – Go to Wheeler. Get in touch with William Parcher. He can– (help us).

ALICIA (too loud) **– Stop! Just stop!**

Folks in the room stare. Nash sits back, stunned. Alicia gathers herself. Takes a breath.

ALICIA – John, I've been to Wheeler.

NASH – Good, good–

ALICIA – There is no William Parcher.

NASH – Of course there is. I've been working for him–

ALICIA – Doing what, John? Breaking codes? Dropping them in a secret mailbox for the government to pick up.

NASH – How could you know that?

ALICIA – Sol followed you one night. He thought it was harmless[1]. Good old Sol.

Alicia has reached into her bag. Lifts something onto the table.

ALICIA – None of it's been real, John.

And with that, she deposits on the table a stack of gray Wheeler envelopes. All still sealed with John's seal.

ALICIA – They've never been opened.

---

1. **harmless** : 1. (ici) *anodin* ; 2. *inoffensif, pas méchant.*

NASH – Ça va aller très bien. Mais on doit parler doucement. Ils peuvent être en train de nous écouter. Il peut y avoir des micros.

Alicia se mord les lèvres, essaie de ne pas réagir.

NASH – Je vais tout te dire maintenant. Je casse le protocole. Mais tu dois savoir. Il faut que tu m'aides à sortir d'ici. (un temps) **Je fais une recherche top secret pour le gouvernement. Il y a une menace avec des proportions catastrophiques... Je pense que les Rouges doivent croire que j'ai un profil trop élevé pour laisser tomber. Aussi ils essaient de me maintenir ici. Comme ça je ne peux pas faire mon travail.**

Alicia le fixe, luttant pour retenir ses larmes.

NASH – Va à Wheeler. Mets-toi en rapport avec William Parcher. Il peut... (nous aider).

ALICIA – (trop fort) **Arrête ! Arrête juste !**

Les gens dans la pièce regardent. Nash se rassied, étonné. Alicia se reprend. Respire à fond.

ALICIA – John, je suis allée à Wheeler.

NASH – Bien, bien...

ALICIA – Il n'y a pas de William Parcher.

NASH – Bien sûr que si. Je travaille pour lui.

ALICIA – Pour faire quoi, John ? Déchiffrer des codes ? Les déposer dans une boîte aux lettres secrète pour que le gouvernement les ramasse.

NASH – Comment pourrais-tu savoir ça ?

ALICIA – Sol t'a suivi une nuit. Il pensait que c'était anodin. Brave vieux Sol.

Alicia fouille dans son sac. En sort quelque chose qu'elle pose sur la table.

ALICIA – Rien de tout cela n'est réel, John.

Et sur ce, elle dépose sur la table un tas d'enveloppes Wheeler grises. Toutes encore cachetées du sceau de Nash.

ALICIA – Elles n'ont jamais été ouvertes.

John tears one open. Inside, his magazine pages. His marked maps. Never picked up. Never seen by anyone.

ALICIA – There is no William Parcher. There is no conspiracy. It's all in your mind. You're sick John. Don't you understand, you're sick.

Alicia begins to cry, the tears coming now, streaming down her cheeks.Finally she bows to John's hand on the table, pressing her cheek to the back of his palm, body racked[1] with trembling SOBS.

John looks from his weeping wife to his work. He lifts a torn magazine page, marked and scrawled.

HOLD on John. On his face, for the first time, fear.

INT. – MACARTHUR – CORRIDOR – NIGHT

Rosen is making evening rounds. A NURSE races up to him.

NURSE – Doctor. It's Nash. Code red.

Rosen is on the move, fast.

INT. – MACARTHUR – NASH'S CELL – NIGHT

Rosen UNLOCKS Nash's cell and ENTERS to find Nash, his back to the door, standing in a pool of blood.

ROSEN – John?

Nash turns, holding his wrist in his hand. Blood is spilling through his fingers.

As Rosen gently takes John's wrist, he notices the fingernails of John's other hand. Broken and bloody.

NASH – There's nothing there.

The flesh on top of John's wrist has been gouged[2] away by his own nails. An Orderly hands Rosen a wad of gauze. Rosen begins to dress[3] the wound. John's eyes are unblinking, shocky.

NASH – There's no implant. There's nothing there.

---

1. **to rack** : 1. (ici) *tenailler, ronger* ; 2. *tirer* (vin).
2. **to gouge** [gaʊdʒ] : m. à m. *creuser un trou, évider.*
3. **to dress** : 1. (ici) *panser* ; 2. *habiller* ; 3. *garnir, préparer.*

INT. – MACARTHUR – SALLE DE SOINS – JOUR

Petit. Un unique chariot se trouve au milieu du plancher. Une infirmière est debout près d'une table médicale couleur argent.

La porte s'ouvre. Nash entre en traînant les pieds, portant des vêtements d'hôpital et des chaussons en papier. Il vient s'asseoir sur le chariot. Redresse ses jambes.

INT. – MACARTHUR – SALLE D'OBSERVATION – JOUR

Rosen et Alicia observent à travers une vitre en plexiglas.

ROSEN – Ceci, pour le moment, ceci est le cauchemar final de la schizophrénie. L'horreur de ne pas savoir ce qui est vrai...

Les entraves en cuir sont fixées bien serré autour de ses poignets, chevilles et front.

ROSEN – Imaginez que vous appreniez subitement que les gens, les endroits, les moments les plus importants pour vous n'étaient pas enfuis, n'étaient pas morts, non, pire encore, n'avaient jamais existé.

L'infirmière place un morceau de plastique dans sa bouche. Lève une seringue.

ROSEN – Quelle sorte d'enfer cela serait ?

Alicia touche la séparation tandis que l'infirmière attend le signal de Rosen. Elle enfonce la seringue avec le calmant dans la chair. Alicia se détourne.

INT. – SALLE DE SOINS – SÉRIES DE PLANS

L'infirmière contrôle la réaction de la pupille de Nash... Le corps inconscient de Nash s'arque, saisi par la souffrance d'une crise d'épilepsie... Un tube est introduit dans le nez de Nash, pompant de l'eau sucrée dans son estomac... Nash revient à lui, grelottant, enveloppé dans de la glace, sa peau bleuissant, tandis qu'on a un TRAVELLING ARRIÈRE et UN TRAVELLING MONTANT.

EXT. – PRINCETON CAMPUS – SPRING – 1956

Trees alive with the lush green of spring. Alicia and Sol walk the familiar paths of campus, pushing a stroller. Alicia seems older. It's her eyes.

ALICIA – Two of a week. For six months. The treatments were... difficult.

SOL – But he's better?

ALICIA (reciting) **Schizophrenia has no cure. But with medication and a low stress environment the patient can hope to approximate a normal life. The doctor thought a change of scenery[1]. Somewhere peaceful. After Wheeler terminated his contract–**

SOL – Bender and I tried to help keep him on–

Alicia stills him with a casual wave of her hand. She has about her the odd self-possession that comes with close proximity to madness.

ALICIA – You can't very well have a lunatic keeping government secrets, can you?

She looks off, gaze going well past the visible horizon.

ALICIA – I found a job at Xerox[2]. R&D. It's not much. But John always spoke so fondly[3] of being here at Princeton. And Hansen's running[4] the department now.

SOL – So he keeps reminding us.

ALICIA – But John won't come near campus. He's so... ashamed.

SOL – Alicia, how are you?

ALICIA – The delusions have passed. It's like looking at the pictures of the Jews from Europe. They have this look in their eyes. Hard and stunned at the same time. Like there's this an entire world stolen out from under them. That's the way it is with John too, I think. Lost.

---

1. **scenery** ['siːnəri] : 1. (ici) *décor* ; 2. *paysage.*

2. **Xerox** : entreprise américaine située dans le Connecticut et créée en 1938, et exploitant l'invention de la xérographie ; **R&D** [ɑːr ənd diː] = **Research & Development.**

3. **fondly** : de fond, *affectueux* ; **to be fond of**, *avoir de l'affection pour.*

4. **to run** : 1. (ici) *diriger* ; 2. *courir* ; 3. *passer* ; 4. *se présenter* (élection).

EXT. – CAMPUS DE PRINCETON – PRINTEMPS – 1956

Des arbres pleins de vie avec la luxuriance verte du printemps. Alicia et Sol marchent dans les allées familières du campus, poussant un fauteuil roulant. Alicia paraît vieillie. Ce sont ses yeux.

ALICIA – Deux fois par semaine. Pendant six mois. Les traitements étaient… difficiles.

SOL – Mais va-t-il mieux ?

ALICIA – (récitant) **Il n'y a pas de traitement pour la schizophrénie. Mais, avec des médicaments et un environnement très peu stressant, le patient peu espérer se rapprocher d'une vie normale. Le médecin a pensé à un changement de décor. Un endroit paisible. Après que Wheeler a mis un terme à son contrat…**

SOL – Bender et moi on a essayé de le maintenir –

Alicia le fait taire d'un geste discret de la main. Elle a cet étrange sang-froid qui accompagne l'étroite proximité avec la folie.

ALICIA – On ne peut pas vraiment avoir un dément qui détienne des secrets d'État, n'est-ce pas ?

Elle regarde ailleurs, bien au-delà de l'horizon visible.

ALICIA – J'ai trouvé un emploi chez Xerox. R & D. Ça n'est pas très bien payé. Mais John a toujours parlé de son penchant pour la vie à Princeton. Et c'est Hansen qui dirige maintenant le département.

SOL – C'est ce qu'il n'arrête pas de nous rappeler.

ALICIA – Mais John ne viendra pas près du campus. Il est si… honteux.

SOL – Alicia, comment tu te sens ?

ALICIA – Les hallucinations sont terminées. C'est comme quand on regarde les images des Juifs arrivés d'Europe. Ils ont cette expression dans les yeux. À la fois dure et stupéfaite. Comme s'il y avait tout un monde qui s'était dérobé sous eux. C'est comme cela aussi avec John, je crois. Perdu.

There is definitely about her an odd feeling, both strong and fragile, like giant plates of shifting ice.

SOL – No, Alicia, how are *you*?

She seems not to be able to even understand the question. Then...

ALICIA – You know Heisenberg's[1] uncertainty principle? The properties of the object are influenced by the observer.

SOL – Yes I'm familiar with it.

ALICIA – Often what I feel is obligation, or guilt over wanting to leave, or rage, against John, against God. But then I look at him and I force myself to see the man I married. And he becomes that man. He's transformed into someone I love. And then I'm transformed into someone who loves him. It's not all the time. But it's enough.

Sol smiles, amazed at this woman.

SOL – John is a lucky man.

ALICIA – And so unlucky.

EXT. – PRINCETON HOUSE – DAY

Sol helps Alicia with the baby as they enter a modest white colonial.

ALICIA – John you've got a visitor.

EXT. – PRINCETON HOUSE – DAY

Nash sits on the porch of a modest white colonial, working over a pad of equations, smoking a cigarette. Sol and Alicia enter. Alicia kisses John on the head and moves into the house with the baby.

SOL – Hey, chief.

Nash looks up. He seems pale, drawn, as if part of him has gone missing, been replaced by shadow.

NASH – Finally. A little respect.

---

1. **Werner Karl Heisenberg** (1901-1976) : physicien allemand, connu pour la création de la mécanique quantique. Le principe d'incertitude, évoqué ici, fut découvert en 1927. Pendant la Seconde Guerre mondiale, il dirigea le programme de recherche destiné à construire un armement nucléaire pour l'Allemagne nazie. Cela amena sa rupture avec son ami le physicien danois Niels Bohr, prix Nobel de physique 1922, qui rejoignit les États-Unis et participa au projet Manhattan, aux côtés de Robert Oppenheimer.

Il y a définitivement, en ce qui la concerne, un sentiment étrange, à la fois de force et de fragilité, comme des plaques géantes de glace en mouvement.

SOL – Non, Alicia, comment vas-tu, *toi* ?

Elle ne semble pas même comprendre la question. Puis...

ALICIA – Tu connais le principe d'incertitude d'Heisenberg ? Les propriétés de l'objet sont influencées par celui qui les observe.

SOL – Oui, je connais bien.

ALICIA – Ce que j'éprouve souvent, c'est un sentiment d'obligation, ou bien de culpabilité quand je veux tout plaquer, ou de rage, contre John, contre Dieu. Mais alors je le regarde et je me force à voir l'homme que j'ai épousé. Et il devient cet homme. Il est transformé en quelqu'un que j'aime. Et alors je suis transformée en quelqu'un qui l'aime. Pas tout le temps. Mais c'est suffisant.

Sol sourit, émerveillé par cette femme.

SOL – John est un homme qui a de la chance.

ALICIA – Et si malchanceux.

EXT. BÂTIMENT DE PRINCETON – JOUR

Sol aide Alicia avec le bébé alors qu'il entre dans une modeste maison blanche de style colonial.

ALICIA – John, tu as un visiteur.

EXT. – BÂTIMENT DE PRINCETON – JOUR

John est assis sur le porche d'une modeste maison de style colonial, travaillant à des équations sur un bloc-notes, fumant une cigarette. Sol et Alicia entrent. Alicia embrasse John sur la tête et rentre dans la maison avec le bébé.

SOL – Hé, chef.

John lève les yeux. Il semble pâle, les traits tirés, comme si une part de lui-même était absente, remplacée par une ombre.

NASH – Enfin, un peu de respect.

Nash offers Sol a cigarette from his pack.

SOL – I quit.

Sol begins to sit in an empty chair.

NASH – Have you said hello to Harvey?

SOL – John, I-

NASH – Relax. What good's being nuts if you can't have a little fun?

SOL – Jesus, John.

Alicia emerges. She places two pills and a glass of water on the table.

NASH (embarrassed) **– I can take those later–**

ALICIA (brave smile) **– You're supposed to take them now.**

A beat. Then, humiliated, John swallows his medication. Alicia heads back into the house. Sol watches her go.

SOL – I was in town giving a workshop. Bender wanted to come to see you but...

NASH – Squeamish? (off Sol's shrug) **I suppose I would be too. But alas, I am stuck with me.**

Sol gives a sad smile.

SOL – I've missed you, John.

Nash seems sincerely puzzled.

NASH – Why?

Sol finds his answer blocked by a lump in his throat, looks away.

SOL – I thought you might want to take a drive into town, get some chinese...

NASH – No, no. (a beat) **I have been working on solving the Riemann Hypothesis...**

Nash slides his pad over to Sol, his eyes sad.

NASH – I figured, if I dazzle them, they'd have to reinstate me. But the medication makes me blurry. I can't see... (the solutions).

Sol's nod is as sad as it is brave. Nash's calculations don't make much sense. He slides back the pad.

SOL – Go easy. There are other things beside work.

Nash offre à Sol une cigarette de son paquet.

SOL – Je démissionne.

Sol commence à s'asseoir dans un fauteuil vide.

NASH – As-tu salué Harvey ?

SOL – John, je...

NASH – Détends-toi. À quoi bon être zinzin si on ne peut pas rigoler un peu ?

SOL – Bon sang, John.

Alicia apparaît. Elle place deux pilules et un verre d'eau sur la table.

NASH (embarrassé) **– Je peux les prendre plus tard.**

ALICIA – Tu es censé les prendre maintenant.

Un temps. Puis, humilié, John avale son médicament. Alicia retourne dans la maison. Sol la regarde s'en aller.

SOL – J'étais en ville à diriger un groupe de travail. Bender voulait venir te voir, mais...

NASH – Hypersensible ? (haussement d'épaule de Sol) **Je suppose que je le serais aussi. Mais hélas, je suis rivé à moi-même.**

Sol sourit tristement.

SOL – Tu m'as manqué, John.

Nash paraît sincèrement étonné.

NASH –Pourquoi ?

Sa gorge serrée bloque la réponse de Sol, il détourne le regard.

SOL – Je pensais que tu pourrais vouloir faire un tour en ville, manger chinois...

JOHN – Non, non. (un temps) **Je travaille à résoudre l'hypothèse de Riemann...**

Nash glisse son bloc à Sol, de la tristesse dans les yeux.

NASH – Je me suis dit, si je les éblouis, ils devront me réintégrer. Mais le médicament que je prends me rend confus. Je n'arrive pas à voir... (les solutions)

Le hochement de tête de Sol est triste autant qu'il est brave. Les calculs de Nash n'ont guère de sens. Il rend le bloc.

SOL – Vas-y doucement. Il y a d'autres choses que le travail.

John stares at him.

NASH – What are they?

INT. – NASH HOUSE – KITCHEN – NIGHT

Alicia is doing the dishes. John stands staring at the kitchen table. He lifts a napkin, toys with it curiously, like an alien come to Earth for the first time.

NASH – What do people do?

By Alicia's expression, this question is not coming for the first time. But she rallies herself again for the answer.

ALICIA – This. Just this. (smiles) **No conspiracies. No earth shattering discoveries. Just this.**

NASH – Everything is so meaningless.

ALICIA – It's life, John. Activities available. Just add meaning.

John nods, but by his expression, he surely doesn't understand.

ALICIA – You could try leaving the house. Maybe talk to people.

He stares at her. The idea is just too daunting.

ALICIA – You could take out the garbage[1].

NASH (smiles) **– World famous mathematician turned schizophrenic takes out trash[2]. Now that's something.**

ALICIA – There you go. Onward and upward.

He lifts the trash bag, walks out the kitchen door. Alicia begins putting the dishes away. (OVER) We hear Nash TALKING.

ALICIA – CLOSE. Terrified. She spins as John re-enters.

ALICIA – Who were you talking to?

NASH – The garbage man.

ALICIA – Garbage men don't come at night.

NASH – I guess here they do.

---

1. **garbage** ['gɑːʳbɪdʒ] : 1. (ici) *ordures, détritus* ; 2. *âneries* ; 3. *données erronées.*

2. **trash** : 1. (ici) *ordures* ; 2. *bêtises, âneries* ; 3. *camelote* ; 4. *racaille.*

John le fixe avec surprise.

NASH – Lesquelles ?

INT. – MAISON DE NASH – CUISINE – NUIT

Alicia fait la vaisselle. John est debout à regarder la table de la cuisine. Il soulève une serviette, joue avec, curieux, comme un extraterrestre débarquant sur la terre pour la première fois.

NASH – Que font les gens ?

D'après l'expression d'Alicia, cette question n'est pas posée pour la première fois. Mais elle rassemble à nouveau ses esprits pour la réponse.

ALICIA – Ceci. Juste ceci (elle sourit). **Pas de conspirations. Pas de découvertes bouleversantes. Juste ceci.**

NASH – Tout est tellement dénué de sens.

ALICIA – C'est la vie, John. Des activités disponibles. Ajoute juste du sens.

John acquiesce mais, d'après son expression, il ne comprend sûrement pas.

ALICIA – Tu pourrais essayer de sortir de la maison. Peut-être parler à des gens.

Il la fixe. L'idée est simplement trop intimidante.

ALICIA – Tu pourrais sortir la poubelle.

NASH – Un mathématicien célèbre dans le monde, devenu schizophrène, sortant la poubelle. Alors ça, c'est quelque chose.

ALICIA – Tu recommences. Tu avances, tu montes.

Il soulève le sac-poubelle, sort par la porte de la cuisine. Alicia commence à ranger la vaisselle (OFF) On entend Nash PARLER.

ALICIA – DE PRÈS. Terrifiée. Elle se retourne alors que John revient.

ALICIA – À qui parlais-tu ?

NASH – À l'éboueur.

ALICIA – Les éboueurs ne viennent pas la nuit.

NASH – Je pense qu'ici ils le font.

Alicia stares at him. Unsure. Then a figure passes the window. A garbage man after all, throwing the bag into a truck HISSING past.

ALICIA – John, I'm–

He takes her in his arms. She folds into his chest. Normal life has become a mine field.

NASH – It's all right. Everything's going to be all right.

But by his expression, he seems anything but sure.

INT. – NASH LIVING ROOM – AFTERNOON

John stands paralysed, his screaming baby in his arms. He seems entirely unable to handle this unwieldy[1] little human.

Alicia ENTERS, pissed. She scoops up her child in one hand, retrieves the fallen pacifier[2] from the floor with the other.

She feeds their son the binky[3], the child's CRIES instantly stilled[4].

Alicia exits with the baby. John stands in the middle of the room, sad, helpless. No good at real life.

INT. – NASH BEDROOM – NIGHT

John lays on his back, Alicia curled beside him. Spring moonlight pours in through the open window.

Alicia kisses his neck tentatively, then his face. John lies still as a statue. He tilts his head away, strokes her head platonically.

NASH – I'm sorry.

HOLD on her face, sad eyes open in the moonlight. A beat. Then she rises, moving into...

INT. – NASH BATHROOM – NIGHT

Alicia goes to the sink, splashes her face. Stares at John's medication bottle on the edge of the basin.

A beat. Then she smashes the mirror with her hand, glass SHATTERING into cracked fragments of loss.

---

1. **unwieldy** [ʌn'wɪəːldɪ] : 1. (ici) *encombrant* ; *peu maniable* ; 2. *lourd, maladroit.*

2. **pacifier** ['pæsɪfaɪəʳ] : 1. (ici) *tétine, sucette* ; 2. *pacificateur.*

3. **binky** (US) : 1. (ici) *sein* ; 2. *petit objet métallique* ; 3. (argot) *aiguille pour injecter de la drogue* ; 4. *aiguille jetable pour diabétiques.*

4. **to still** : *faire taire* ; *calmer, apaiser.*

Alicia le regarde. Incertaine. Puis une silhouette passe devant la fenêtre. Un éboueur après tout, jetant le sac dans le camion QUI PASSE DANS UN SIFFLEMENT.

ALICIA – John, je suis...

Il la prend dans ses bras. Elle se presse contre sa poitrine. La vie normale est devenue un champs de mines.

NASH – Tout va bien. Tout va aller très bien.

Mais à son expression, il semble tout sauf sûr.

INT. – SALON DE NASH – APRÈS MIDI

John est debout, paralysé, son bébé hurlant dans les bras. Il semble complètement incapable de s'occuper de cet encombrant petit humain.

Alicia ENTRE, en rogne. Elle saisit son enfant d'une main et récupère de l'autre la tétine tombée sur le plancher.

Elle donne son sein à son fils, dont les CRIS cessent aussitôt.

Alicia sort avec le bébé. John est debout au milieu de la pièce, triste, impuissant. Pas doué pour la vie réelle.

INT. – CHAMBRE À COUCHER DE NASH

John est étendu sur le dos, Alicia pelotonnée près de lui. La lumière de la lune du printemps traverse la fenêtre ouverte.

Alicia lui embrasse le cou timidement, puis son visage. John est allongé immobile telle une statue. Il détourne la tête, et caresse celle d'Alicia platoniquement.

NASH – Je suis désolé.

ON RESTE sur sa tête, les yeux tristes ouverts sous la lumière de la lune. Un temps. Puis elle se lève, se dirigeant vers...

INT. – SALLE DE BAINS DE NASH – NUIT

Alicia va vers l'évier, s'asperge le visage. Découvre le flacon de médicament de John posé au bord du lavabo.

Un temps. Puis elle brise le miroir avec sa main, le verre VOLANT en plusieurs éclats.

Alicia drops her head as she begins to CRY.

INT. – NASH BEDROOM – NIGHT

John lays in his bed. (OVER) Alicia's SOBS. John curls up in a fetal position. Helpless.

EXT. – NASH HOUSE – NEXT MORNING

John is pouring the shard[1] of the mirror off an impromptu cardboard dustpan into the trash. Alicia emerges from the house, baby in her arms, their brittle dance of normalcy resumed.

ALICIA – My mother's going to keep the baby a little longer today. I can get three hours of overtime[2].

And before he has a chance to respond, she is gone. Nash stares after his wife, then heads back inside the house.

INT. – NASH HOUSE – SUN PORCH – NIGHT – DAYS LATER

Glass enclosed. Moonlight beams in through the large windows, illuminating the dark forest beyond the lawn. John sits at his desk.

ALICIA (OVER) **– I'm going to bed.**

Alicia sets his medication and water before him. The tension between them is palpable.

ALICIA – Eat up.

NASH – Goodnight.

But she is already gone. He stares down at his medication. A beat. Then he opens a cigar box on his desk.

INSIDE THE BOX. Maybe five days worth[3] of his pills. Not taken. John drops the two new tablets inside. Closes the box.

Nash looks at this desk. Piles of unopened mail. Several math journals. He notices a *New York Times*. He opens the paper.

---

1. **shard** : 1. (ici) *éclats* ; 2. *tesson*.

2. **overtime** : 1. (ici) *heures supplémentaires* ; 2. *rémunération des heures supplémentaires* ; 3. (US) *prolongations* (sport).

3. **worth** : m. à m. *la valeur de cinq jours de ses pilules*.

Alicia baisse la tête et commence à PLEURER.

INT. – CHAMBRE À COUCHER DE NASH – NUIT –

John est allongé sur son lit. (OFF) Alicia SANGLOTE. John se recroqueville en position fœtale. Désespéré.

INT. – MAISON DE NASH – LENDEMAIN MATIN

Nash verse les éclats du miroir avec une pelle en carton improvisée dans les ordures. Alicia sort de la maison, le bébé dans les bras, reprenant leur fragile valse dans la normalité.

ALICIA – Ma mère va garder le bébé un peu plus longtemps aujourd'hui. Je peux obtenir trois heures supplémentaires.

Et, avant qu'il ait l'occasion de répondre, elle est partie. Nash regarde sa femme, puis retourne dans la maison.

INT. – MAISON DE NASH – VÉRANDA – NUIT – QUELQUES JOURS PLUS TARD

Entourée de vitres. La lumière de la lune brille à travers les grandes fenêtres, illuminant la forêt sombre au-delà de la pelouse. John est assis à son bureau.

ALICIA (OFF) **– Je vais me coucher.**

Alicia pose son médicament et de l'eau devant lui. On peut sentir la tension entre eux.

ALICIA – Avale.

NASH – Bonne nuit.

Mais elle est déjà partie. Il fixe son médicament. Un temps. Puis il ouvre une boîte de cigares sur son bureau.

À L'INTÉRIEUR DE LA BOÎTE. Peut-être la quantité de cinq jours de ses pilules. Pas prises. John dépose dedans les deux nouveaux cachets. Ferme la boîte.

Nash regarde son bureau. Des piles de courrier non ouvert. Plusieurs journaux mathématiques. Il remarque un *New York Times*. Il ouvre le journal.

NASH-POV. Columns of articles. Suddenly the text goes black, characters rising into the air in a perfectly revealed pattern.
He slides a pad as something in front of him, stares at the blank page. (OVER) A RAP as something hits the window. Hard.
John peers out into the night. Someone, a silhouette, darts across the lawn. John is up, fast, moving into the hallway.

EXT. – NASH HOUSE – NIGHT – CONTINUOUS
Nash shoves open the screen door, stares out into the night.
NASH – Who's there? Hello?
(OVER) CRICKETS. A figure bolts across the green, little more than a shadow, racing towards the tree line and then gone.
NASH – Hey!
Nash takes off in a sprint after the fleeing specter.

EXT. – NASH HOUSE – NIGHT
The figure disappears into the dark tree line, Nash racing fast across the lawn in closer pursuit, bursting now, into...

EXT. – NASH HOUSE – FOREST – NIGHT
Nash continuous running through the trees, slowing now, finally coming to a stop deep in the dark forest. He looks around. Moonlight. Night bird CRIES. But no sign of the mysterious figure.
(OVER) A RUSTLING[1]. Nash spins to his left, a shadow darting from tree to tree, there, then gone into the darkness.
NASH – Hello?
(OVER) ANOTHER RUSTLING. Nash spins to his right to glimpse another darting shadow, vanishing into the night.
NASH – Who's there?

---

1. **to rustle** [rʌsl] : 1. (ici) *bruisser, produire un bruissement* ; 2. *froufrouter* ; 3. *froisser* (papier) ; 4. *voler du bétail.*

POINT DE VUE DE NASH. Colonnes d'articles. Soudain le texte devient noir, les caractères s'élevant en l'air révélant un parfait modèle.
Il glisse un bloc-notes en face de lui, fixe la page blanche. (OFF) UN COUP SEC comme si quelque chose heurtait la fenêtre. Fortement. Nash scrute dehors dans la nuit. Quelqu'un, une silhouette, passe en flèche à travers la pelouse. John se lève, vite, se déplaçant dans l'entrée.

EXT. – MAISON DE NASH – NUIT – SUITE

Nash pousse la porte-écran, fixe à l'extérieur dans la nuit.
NASH – Qui est là ? Hello ?
(OFF) CRIQUETS. Une silhouette traverse le gazon à toute allure, une peu plus qu'une ombre, courant vers la rangée d'arbres, puis disparaît.
NASH – Hé !
Nash démarre en sprintant après le spectre qui s'enfuit.

EXT. – MAISON DE NASH – NUIT

La silhouette disparaît dans la rangée sombre des arbres, Nash courant à toute vitesse à travers la pelouse en poursuite rapprochée, se précipitant maintenant, dans...

EXT. – MAISON DE NASH – FORÊT – NUIT

Nash continue à courir à travers les arbres, ralentissant maintenant, puis s'arrêtant dans la profonde forêt sombre. Il regarde autour de lui. Clair de lune. Un oiseau de nuit CRIE. Mais aucun signe de la mystérieuse silhouette.
(OFF) UN BRUISSEMENT. Nash tourne sur sa gauche, une ombre file d'arbre en arbre, là, puis part dans l'obscurité.
NASH – Hello ?
(OFF) UN AUTRE BRUISSEMENT. Nash tourne à droite pour apercevoir une autre ombre qui file, s'évanouissant dans la nuit.
NASH – Qui est là ?

That's when John is grabbed from behind? His arms are pulled backwards in restraint as a figure steps out of the darkness.

Fedora and trench coat make him little more than an elegant shadow. As he approaches, his face becomes visible in the moonlight.

NASH – Parcher.

PARCHER – It's good to see you, John.

Parcher nods and the man behind Nash releases him. As the stranger steps into the moonlight we see he is a U.S. soldier.

PARCHER – What's wrong? Cat got your tongue?

NASH (finally) **– You're not real.**

Parcher wraps his arm around Nash.

PARCHER – Don't be ridiculous. Of course I am. Let's take a walk.

He begins leading Nash deeper into the forest.

INT. – NASH HOUSE – NIGHT

Alicia lies in bed, her sleep fitful, moving under the covers. A small MOAN[1] escapes her lips, victim to dark dreams.

EXT. – FOREST – NIGHT

Parcher and his guard have led John to an old tool shed on the edge of the property.

PARCHER – The bomb is in its final position somewhere in the continental U.S.

Parcher has walked to the front door.

PARCHER – Knowing your situation requires you keep a low profile, Mohammed. We brought the mountain to you.

Parcher pulls open the door, the night flooded with white light. He bows and gestures with his arm, ushering Nash inside.

---

1. **to moan** [məʊn] : 1. (ici) *gémir* ; 2. *grogner, ronchonner, maugréer.*

C'est là que John est agrippé par-derrière. Ses bras sont tirés en arrière en contrainte alors qu'une silhouette sort de l'obscurité. Un chapeau mou et un trench-coat font d'elle un peu plus qu'une ombre élégante. Alors qu'elle approche, son visage devient visible sous la lumière de la lune.

NASH – Parcher.

PARCHER – C'est bon de te voir, John.

Parcher fait un signe de tête et l'homme derrière Nash le libère. Alors que l'étranger avance sous la lumière de la lune, on voit que c'est un soldat américain.

PARCHER – Qu'est-ce qui ne va pas ? Tu as perdu ta langue ?

NASH – (finalement) – **Vous n'êtes pas réel.**

Parcher enveloppe Nash avec son bras.

PARCHER – Ne sois pas ridicule. Bien sûr que j'existe. Allons faire un tour.

Il commence à conduire Nash plus profondément dans la forêt.

INT. – MAISON DE NASH – NUIT

Alicia est allongée au lit, en sommeil intermittent, bougeant sous les couvertures. Un léger GÉMISSEMENT s'échappe de ses lèvres, victime de rêves sombres.

EXT. – FORÊT – NUIT

Parcher et son garde ont conduit Nash dans une vieille cabane à outils au bord de la propriété.

PARCHER – La bombe est dans sa position finale sur le sol des États-Unis.

Parcher a marché jusqu'à la porte d'entrée.

PARCHER – Le fait de connaître votre situation nécessite que vous gardiez un profil bas, Mohammed. Nous vous avons apporté la montagne.

Parcher ouvre la porte, la nuit est inondée de lumière blanche. Il se penche et, d'un geste, fait entrer Nash à l'intérieur.

INT. – TOOL SHED – NIGHT

A mobile field unit. Portable lights hooked to a small generator. Two or three more soldiers, working charts, sitting in headphones over short wave radio consoles. Parcher leads Nash to a lit map board.

PARCHER – We have narrowed the bomb's location to somewhere on the Eastern seaboard. But we can't pinpoint its exact position. Their codes have grown increasingly complex...

John stares at him.

PARCHER – What?

NASH – You're hallucinations. Products of my imagination. Dr. Rosen said...

PARCHER – Rosen? That quack[1]? Schizophrenic break from reality, right? Psychological bullshit. Do I look imagined to you?

NASH – Wheeler has no record[2] of you...

PARCHER – Do you think we list our personnel?

John just stares at him.

PARCHER – I'm sorry you had to go through this. Your actions must have looked bizarre to your wife. We had no idea she'd go ahead and have your institutionalized[3]. But once she did... You were calling attention to yourself. I thought it best you stay put until the scrutiny[4] passed.

NASH – But Charles was at the hospital–

PARCHER – After your lecture, we needed someone to keep an eye on you. Someone you would trust. Our operatives approached Charles. He's turned out to be quite good, actually. If only he didn't insist on carting[5] that kid around everywhere.

Parcher nods and two figures step into the light. Charles, and behind him, Marcee.

---

1. **quack** : 1. (ici) *charlatan* ; 2. *cancanement* (canard).

2. **record** ['rekɔːʳd, 'rekəʳd] : 1. (ici) *dossier, passé* ; *casier, archives* ; 2. *disque* ; 3. *record* (sport). Attention : le verbe **to record**, *enregistrer*, se prononce [rɪ'kɔːʳd].

3. **to institutionalize** [ɪnstɪ'tjuːnəlaɪz] : 1. (ici) *placer dans un établissement, interner* ; 2. *institutionnaliser.*

INT. – CABANE À OUTILS – NUIT

Une unité de terrain mobile. Des lampes portables branchées à un petit générateur. Deux ou trois soldats de plus, travaillant sur des cartes marines, assis avec des écouteurs devant des consoles radio à ondes courtes. Parcher conduit Nash devant une carte placée sur un tableau lumineux.

PARCHER – Nous avons réduit la localisation de la bombe à quelque part sur la côte orientale. Mais nous n'arrivons pas à localiser sa position exacte. Leurs codes sont devenus de plus en plus complexes...

John le fixe du regard.

PARCHER – Qu'y a-t-il ?

NASH – Vous êtes des hallucinations. Des produits de mon imagination. Le Dr Rosen a dit...

PARCHER – Rosen ? Ce charlatan ? Une rupture schizophrénique avec la réalité, non ? Foutaises psychologiques. Ai-je l'air d'être imaginaire pour vous ?

NASH – Wheeler n'a aucun dossier sur vous.

PARCHER – Penses-tu qu'il existe une liste de notre personnel ?

Nash se contente de le fixer.

PARCHER – Je suis désolé que tu aies dû passer par là. Tes actions ont pu paraître bizarres à ta femme. Nous n'avions pas imaginé qu'elle te ferait hospitaliser. Mais une fois qu'elle l'a fait... Tu attirais l'attention sur toi. Je pense que le mieux est que tu ne bouges pas jusqu'à ce que l'examen soit passé.

NASH – Mais Charles était à l'hôpital...

PARCHER – Après votre cours, il nous fallait quelqu'un pour vous surveiller. Quelqu'un en qui vous auriez confiance. Nos agents secrets ont approché Charles ; il s'est avéré être en vérité tout à fait bon. Si seulement il n'insistait pas pour traîner partout cette gamine.

Parcher fait un signe de tête et deux silhouettes entrent dans la lumière. Charles et, derrière lui, Marcee.

---

4. **scrutiny** : 1. (ici) *examen approfondi* ; 2. *contrôle, pointage.*
5. **to cart** : 1. (ici) *trimballer* ; 2. *charrier, transporter en charette.*

MARCEE – Uncle John, Uncle John.
She races to him and leaps into his arms. He holds her so tight.
MARCEE – You're gonna squeeze me 'till I pop[1].
John reluctantly sets her down, his expression darkening. Turns to Charles.
NASH – At the hospital. Why couldn't Rosen see you?
PARCHER – I can explain everything. But I need you to trust me.
HOLD on John a beat as he stares at William.
PARCHER – I've gone to great trouble to get you back. Make me owe you. I can restore[2] your status at Wheeler. I can tell the world what you did, but...
Parcher walks right up to him, stares into his eyes.
PARCHER – I need you now, soldier. We all do.
John looks at Charles. At little Marcee. Finally...
NASH – I was so scared you weren't real.

INT. – NASH HOUSE – LIVING ROOM – MORNING
John watches out the window as Alicia waves, drives off to work, baby in the car with her.
PARCHER (OVER) **– Your wife cannot know anything this time. It's for her own protection.**

EXT. – NASH HOUSE – DAY
Nash crosses the lawn, into the forest.

INT. – NASH HOUSE – TOOL SHED – NIGHT
Nash stands amidst the high tech machinery, before a light board covered with maps and code, lecturing to a team of analysts.

---

1. **to pop** : 1. (ici) *éclater* ; 2. *se déboucher* ; 3. *faire un saut* ; 4. *crever, faire éclater* ; 5. *mettre, fourrer* ; 6. *mettre au clou*.
2. **to restore** : 1. (ici) *rétablir, réintégrer* ; 2. *rendre, restituer*.

MARCEE – Oncle John, oncle John.
Elle court vers lui et bondit dans ses bras. Il la tient très serré.
MARCEE – Tu vas me serrer jusqu'à ce que j'explose.
John la dépose à contrecœur, son expression s'assombrissant. Se tourne vers Charles.
NASH – À l'hôpital, pourquoi Rosen ne pouvait-il pas te voir ?
PARCHER – Je peux tout expliquer. Mais j'ai besoin que tu me fasses confiance.
ON RESTE sur John un temps alors qu'il fixe William.
PARCHER – J'ai eu beaucoup de mal à te récupérer. Je te suis redevable. Je peux rétablir ta position à Wheeler. Je peux dire au monde ce que tu as accompli, mais...
Parcher se dirige droit sur lui, le fixe droit dans les yeux.
PARCHER – J'ai besoin de toi maintenant, soldat. Comme nous tous.
John regarde Charles. Regarde la petite Marcee. Finalement...
NASH – J'avais si peur que vous ne soyez pas réels.

INT. – MAISON DE NASH – SALON – MATIN

Nash regarde par la fenêtre alors qu'Alicia lui fait signe, en route pour le travail, avec le bébé dans la voiture.
PARCHER – Ta femme ne doit rien savoir cette fois. C'est pour sa propre protection.

EXT. – MAISON DE NASH – JOUR

Nash traverse la pelouse, en direction de la forêt.

INT. – MAISON DE NASH – CABANE À OUTILS – NUIT

Nash est debout au milieu des équipements high-tech, devant une carte et un code posés sur un tableau lumineux, faisant un topo à une équipe d'analystes.

INT. – NASH HOUSE – FRONT HALL – AFTERNOON

Nash is carrying the baby upstairs as Alicia heads outside.

ALICIA – There's a storm[1] coming.

NASH – I'll draw his bath.

Her concern flashes for only a second. But he registers it anyway.

NASH – I'm his father, Alicia. (softening) **It'll be ok.**

Alicia's forced smile is full of hope. She heads outside.

EXT. – NASH HOUSE – AFTERNOON

Storm clouds assemble on the horizon. The wind is fierce[2]. Alicia gathers blanket and toys. (OVER) A distant BANGING from the woods beyond the house.

Alicia looks up, puzzled. A beat. Then she leaves the detritus on the lawn, begins heading towards the SOUND.

EXT. – FOREST – AFTERNOON

Alicia walks through the trees. In just minutes the sky has grown darker. The wind has picked up, MOANING now.

(OVER) The BANGING has increased in both tempo and volume. She heads towards...

EXT. – TOOL SHED

The door to the old shed has been left ajar, BANGING in the wind. Alicia approaches the shack. She pulls the door open.

---

1. **storm** : 1. (ici) *orage, tempête* ; 2. *ouragan* ; **to storm,** *tempêter, fulminer* ; **to take by storm,** *prendre d'assaut* ; **to storm in/out,** *entrer/sortir comme un ouragan.*

2. **fierce** [fɪəʳs] : 1. (ici) *violent* ; 2. *acharné, torride, féroce.*

INT. – MAISON DE NASH – ENTRÉE PRINCIPALE – APRÈS-MIDI

Nash porte le bébé à l'étage alors qu'Alicia se dirige vers l'extérieur.

ALICIA – Un orage menace.

NASH – Je lui prépare son bain.

Sa préoccupation n'apparaît qu'une seconde seulement. Mais il s'en rend compte quand même.

NASH – Je suis son père, Alicia. (s'adoucissant) **Tout ira bien.**

Le sourire forcé d'Alicia est plein d'espoir. Elle se dirige vers l'extérieur.

EXT. – MAISON DE NASH – APRÈS-MIDI

Des nuages d'orage s'assemblent à l'horizon. Le vent est violent. Alicia rassemble couverture et jouets. (OFF) Un FRACAS lointain venant des bois au-delà de la maison.

Alicia lève les yeux, perplexe. Un temps. Puis elle laisse les affaires sur la pelouse, et commence à se diriger vers le BRUIT.

EXT. – FORÊT – APRÈS-MIDI

Alicia marche à travers les arbres. En seulement quelques minutes le ciel est devenu plus sombre. Le vent s'est levé, GÉMISSANT maintenant.

(OFF) Le FRACAS a augmenté à la fois en volume et en tempo. Elle avance vers...

EXT. – CABANE À OUTILS

La porte du vieil appentis a été laissée entreouverte, CLAQUANT dans le vent. Alicia s'approche de la cabane. Elle ouvre la porte en la tirant.

INT. – TOOL SHED

ALICIA – CLOSE. Face broken with horror as (OVER) RAIN begins to PELT the roof. PULL BACK TO REVEAL...
The entire shed, walls, floor and ceiling are covered with newspaper and magazine clippings, the hallmarks[1] of John's madness.

EXT. – LAWN – HIGH ANGLE – RAINING

See Alicia, tiny from this height, racing across the lawn towards the house. Lightening. (OVER) A THUD of distant thunder.

INT. – NASH HOUSE – RAINING

Alicia pushes inside. Looks in the living room. No sign of John. (OVER) From upstairs the sound of WATER RUNNING

ALICIA – No.

INT. – NASH HOUSE – STAIRWAY

Alicia is racing up the stairs. (OVER) The sound of RUNNING WATER has grown LOUDER. Another lightening flash. A CRACK of thunder.

INT. – NASH BEDROOM

Alicia bursts into the bedroom in time to see Nash struggling to close a window. The baby is nowhere in sight. (OVER) The sound of RUNNING WATER is loud from the bathroom.

NASH (back turned) – **I've almost got it. Charles, hold the baby up. Make sure he doesn't slip[2] into the bath...**
Follow Alicia as she rushes into the room, past John's startled expression, and freezes in the open bathroom door.

---

1. **hallmark** : 1. (ici) *marque, sceau, ce qui caractérise* ; 2. *poinçon.*

2. **to slip** : 1. (ici) *glisser* ; 2. *se glisser, se faufiler* ; 3. *baisser* (prix) ; 4. *patiner* ; 5. *laisser passer, échapper.*

INT. – CABANE À OUTILS

ALICIA – DE PRÈS. Le visage décomposé d'horreur alors que (OFF) LA PLUIE commence à TRAVERSER le toit. TRAVELLING ARRIÈRE POUR RÉVÉLER...

La cabane tout entière, murs, plancher et plafond sont couverts de coupures de journaux et de magazines, signes caractéristiques de la folie de John.

EXT. – PELOUSE – PLAN EN PLONGÉE – PLUIE

On voit Alicia, toute petite vue de cette hauteur, traversant la pelouse en courant vers la maison. Éclaicie. (OFF) UN BRUIT SOURD d'un orage lointain.

INT. – MAISON DE NASH – PLUIE

Alicia entre en poussant la porte. Regarde dans le salon. Aucun signe de John. (OFF) De l'étage, le bruit d'EAU QUI COULE.

ALICIA – Non.

INT. – MAISON DE NASH – ESCALIER

Alicia monte l'escalier en courant. (OFF) Le bruit de l'eau qui coule est devenu PLUS FORT. Un autre éclair. Un COUP de tonnerre.

INT. – CHAMBRE À COUCHER DE NASH

Alicia fait irruption dans la chambre à temps pour voir Nash se battant pour fermer une fenêtre. Le bébé n'est nulle part en vue. (OFF) Un fort bruit d'EAU QUI COULE vient de la salle de bains.

NASH (le dos tourné) **Je l'ai presque. Charles, tiens le bébé en l'air. Assure-toi qu'il ne glisse pas dans le bain...**

ON SUIT Alicia alors qu'elle se précipite dans la pièce, passe devant John ébahi, et reste figée devant la porte ouverte de la salle de bains.

INT. – NASH BATHROOM

The baby is in the tub. Alone. The water is almost up to his chin, seconds from drowning. Alicia moves with lightening speed, grabbing her child up and into her arms.

ALICIA – Precious baby, precious boy.

She clutches him for dear life. Spins to face John who's standing there, eyes wide with panic.

NASH – Charles was watching him. He was okay. Charles was watching him.

ALICIA (hysterical) **– There's no one here!**

NASH – You don't understand. They've been injected with a cloaking[1] serum. It's part of the war against the conspiracy...

Alicia holds his eyes. Then she's out the door. A beat. He follows.

INT. – STAIRWAY

Alicia is moving down the stairs, fast, baby in her arms. Nash is chasing after her.

NASH – I can see them because of a chemical that entered my bloodstream when my implant dissolved...

John follows her into...

INT. – LIVING ROOM – CONTINUOUS

NASH – You couldn't know. It was for your own protection...

Alicia is already across the room, has begun dialing the phone, tears of loss and rage spilling down her cheeks.

ALICIA – Why can't you see that this doesn't make sense? Why can't you find one reason not to believe in them? To believe in us instead? (into the phone) **I need Doctor Rosen's office.**

That's when Parcher steps into the doorway.

PARCHER – You've got to stop her, John.

---

1. **to cloak** : 1. (ici) *cacher, masquer* ; 2. *revêtir d'un manteau.*

INT. – SALLE DE BAINS DE NASH

Le bébé est dans la baignoire. Seul. L'eau lui monte presque jusqu'au menton, à deux doigts de le noyer. Alicia se meut à la vitesse de l'éclair, attrapant son enfant dans ses bras.

ALICIA – Joli bébé, joli garçon.

Elle le serre comme si sa vie était en danger. Elle se tourne pour faire face à John qui se tient de bout là, les yeux pleins de panique.

NASH – Charles le surveillait. Il était OK. Il était très bien. Charles le surveillait.

ALICIA (hystérique) – **Il n'y a personne ici !**

NASH – Tu ne comprends pas. On leur a injecté un sérum qui rend invisible. Cela fait partie de la guerre contre la conspiration...

Alicia soutient son regard. Puis elle franchit la porte. Un temps. Il suit.

INT. – ESCALIER

Alicia descend l'escalier, vite, le bébé dans les bras. Nash la poursuit.

NASH – Je peux les voir grâce à un produit chimique qui est entré dans mon circuit sanguin quand mon implant s'est dissous...

John la suit dans...

INT. – SALON DE NASH – SUITE

NASH – Tu ne pouvais pas savoir. C'était pour ta propre protection...

Alicia a déjà traversé la pièce, a commencé à composer un numéro de téléphone, des larmes de chagrin et de rage inondant ses joues.

ALICIA – Pourquoi ne vois-tu pas que ceci n'a pas de sens ? Pourquoi ne trouves-tu pas une raison de ne pas croire en eux ? Au lieu de nous croire ? (au téléphone) **Il me faut le bureau du Dr Rosen.**

C'est alors que Parcher apparaît dans l'embrasure de la porte.

PARCHER – John, il faut que tu l'arrêtes.

NASH – Leave her out of this.

Alicia looks up the doorway. No one there.

ALICIA (blood draining) **– Who are you talking to?**

NASH – It wasn't her fault.

Parcher takes a step into the room.

PARCHER – We can't afford[1] to let her compromise us again.

ALICIA – John, answer me, you're scaring me.

PARCHER – You'll go back to the hospital. Countless people will die.

NASH – Alicia, please. Put the phone down.

PARCHER – I can't let that happen.

Parcher opens his jacket, revealing a holster.

ALICIA (into the phone) **– Yes. Hello.**

Parcher pulls his weapon. His eyes are sad.

PARCHER – I'm sorry, John.

NASH – No!

John rushes Parcher, knocking the gun from his hand, his body simultaneously colliding with Alicia as he barrels[2] past, sending her into the wall.

NASH (spinning) **– Alicia, I'm sorry–**

PARCHER – You know what to do, Nash.

NASH (spinning) **– Shut up!**

ALICIA (almost a whisper) **– Get away from me.**

PARCHER – Finish her.

NASH – I wasn't trying to hurt you–

ALICIA (screaming) **GET AWAY!**

John takes a step back from the force of her VOICE, and she's pushing past him, out the door.

PARCHER – She's too great a risk, John. You know what you have to do.

---

1. **to afford** : 1. (ici) *se permettre* ; 2. *avoir les moyens de.*
2. **to barrel** : 1. (ici) *foncer* ; 2. *mettre en tonneau.*

NASH – Laissez-la en dehors de ça.

Alicia lève les yeux vers la porte. Il n'y a personne.

ALICIA – (blêmissant) **À qui parles-tu ?**

NASH – Ce n'était pas sa faute.

Parcher fait un pas dans la pièce.

PARCHER – Nous ne pouvons pas nous permettre de la laisser encore nous compromettre.

ALICIA – John, réponds-moi, tu me fais peur.

PARCHER – Tu vas retourner à l'hôpital. Un nombre incalculable de gens vont mourir.

NASH – Alicia, s'il te plaît, raccroche le téléphone.

PARCHER – Je ne peux laisser cela se produire.

Parcher ouvre sa veste, laissant voir un étui de revolver.

ALICIA – (au téléphone) **Oui. Allô.**

Parcher sort son arme. Ses yeux sont tristes.

PARCHER – Je suis désolé, John.

NASH – Non !

John se précipite sur Parcher, faisant tomber le revolver de sa main d'un coup de poing, entrant simultanément à toute allure en collision avec Alicia, et l'envoyant contre le mur alors qu'elle fonce à toute allure.

NASH – (se retournant) **Alicia, je suis désolé.**

PARCHER – Tu sais ce que tu dois faire, Nash.

NASH – (se retournant) **La ferme !**

ALICIA – (presque un murmure) **Écarte-toi.**

PARCHER – Achève-la.

NASH – Je n'essayais pas de te blesser.

ALICIA – (hurlant) **VA-T'EN !**

John fait un pas en arrière devant la violence de sa VOIX, et elle le repousse en passant devant lui pour sortir.

PARCHER – Elle représente un trop grand risque, John. Tu sais ce que tu dois faire.

EXT. – NASH HOUSE – HIGH ANGLE – STORM

Pouring rain. Alicia is making for their car, baby in her arms, glancing over her shoulder.

INT. – NASH HOUSE – LIVING ROOM

John stands staring at the door. Parcher, steps forward, pointing his now retrieved gun straight at John's head.

PARCHER – It's her or you. Don't you get it?

Another figures comes down the steps. Charles.

CHARLES – Oh God, John, do what he says.

A third tiny form tugs his hand. Marcee.

MARCEE – Uncle John?

PARCHER (cocking[1] the hammer[2]) – **Move, soldier. Now!**

EXT. – NASH DRIVEWAY – STORM

Alicia is behind the wheel, the baby in the passenger seat, rain beating on the windshield. She starts pulling away.

A figure runs out in front of the car, SLAMS both hands against the hood. Stares at her through the glass.

NASH – She never gets old.

His lips are shaking, rain spilling down his face like tears.

NASH – Marcee can't be real. She never gets old.

As Alicia emerges from the car, PULL BACK AND UP over two small figures, staring at each other in the pouring rain.

EXT. – NASH HOUSE – DINING ROOM – LATE AFTERNOON

The rain has stopped. Nash and Alicia face a familiar figure across the room. Dr. Rosen.

ROSEN – Do you see them now?

NASH – Yes.

---

1. **to cock** : 1. (ici) *armer* (revolver) ; 2. *dresser, tendre* (oreille) ; 3. *pencher, incliner.*

2. **hammer** : 1. (ici) *chien* (arme) ; 2. *marteau.*

EXT. – MAISON DE NASH – PLAN EN PLONGÉE – ORAGE

Pluie battante. Alicia se dirige vers sa voiture, le bébé dans les bras, jetant un coup d'œil derrière elle.

INT. – MAISON DE NASH – SALON

John est debout, fixant la porte. Parcher fait un pas en avant, pointant droit sur la tête de Nash le revolver qu'il a récupéré.

PARCHER – C'est elle ou toi. Tu ne comprends pas ?

Une autre silhouette descend les marches. Charles.

CHARLES – Ô mon Dieu, John, fais ce qu'il te dit.

Une troisième toute petite forme tire sa main. Marcee.

MARCEE – Oncle John ?

PARCHER – (armant le chien du revolver) **Remue-toi, soldat. Maintenant.**

EXT. – VOIE PRIVÉE DE NASH – ORAGE

Alicia est au volant, le bébé est sur le siège du passager, la pluie fouettant le pare-brise. Elle commence à démarrer.

Du dehors une silhouette court au-devant de la voiture, PLAQUE les deux mains sur le capot. La fixe du regard à travers la vitre.

NASH – Elle ne vieillit jamais.

Ses lèvres tremblent, la pluie ruisselant comme des larmes sur son visage.

NASH – Marcee ne peut être réelle. Elle ne vieillit jamais.

Alors qu'Alicia émerge de la voiture, TRAVELLING ARRIÈRE ET MONTANT sur deux petites silhouettes, se fixant l'une et l'autre sous la pluie battante.

EXT. – MAISON DE NASH – SALLE À MANGER – TARD DANS L'APRÈS-MIDI

La pluie s'est arrêtée. Nash et Alicia sont face à un visage familier dans la pièce, le Dr Rosen.

ROSEN – Les voyez-vous en ce moment ?

NASH – Oui.

REVERSE ANGLE. Marcee sits on the floor, playing Jacks.

ROSEN – Why did you stop your meds, John?

SEE OVER Marcee to John as he turns, now, and looks at his wife.

NASH – I couldn't work. I couldn't help with the baby. I couldn't touch you. (to Rosen) **Is that better than being crazy?**

ROSEN – We need to start you on a higher run[1] **of insulin shocks. Then a new med–**

NASH – No. There has to be another way.

Charles is suddenly in the doorway, arms crossed.

NASH – There has to be another way.

Rosen stares at John a beat. Steeples his hands. Searching.

ROSEN – John, your life is a kind of waking[2] **dream...**

Rosen stops. Thinking. As Rosen resumes, Marcee walks to Charles, and they EXIT.

ROSEN – When I dream, the dreaming world seems vivid, real. But as I wake, the richness of life, the very realness of experience elbows the dream from my mind...

NASH – But what's in my head, to me, it's always been more real, most real...

ROSEN (nodding) – **Need a mathematical solution, your mind creates one. Lonely, your mind manufactures a best friend. Lack purpose, your mind creates a secret mission to save the world.**

NASH – Are you saying that is why I'm crazy or because I am crazy?

ROSEN – Our current thinking varies–

John leans forward, predatory.

NASH – You don't know, do you? You really don't know.

Rosen opens his hands.

---

1. **run** : 1. (ici) *série* ; 2. *course* ; 3. *promenade* ; 4. *trajet, parcours* ; 5. *tendance* ; 6. *suite* (cartes) ; 7. *ruée* ; 8. *candidature.*

2. **waking** : (adj.) *éveillé* ; **to wake** : 1. *se réveiller* ; 2. *réveiller* ; 3. *exciter, ranimer.*

CONTRECHAMP. Marcee est assise sur le plancher, jouant aux osselets.

ROSEN – Pourquoi avez-vous arrêté vos médicaments, John ?

VUE AU-DESSUS de Marcee vers John alors qu'il se tourne maintenant, et regarde sa femme.

NASH – Je ne pouvait pas travailler. Je ne pouvais pas m'occuper du bébé. Je ne pouvait pas vous joindre. (à Rosen) **Est-ce mieux qu'être fou ?**

ROSEN – Il faut qu'on vous mette sur une série plus forte de décharges d'insuline. Puis un nouveau remède...

NASH – Non. Il doit y avoir un autre moyen.

Charles est soudain dans l'entrée, les bras croisés.

NASH – Il doit y avoir un autre moyen.

Rosen fixe Nash un temps. Joint les mains. Réfléchissant.

ROSEN – John, votre vie est une sorte de rêve éveillé...

Rosen s'arrête. Réfléchissant. Alors que Rosen reprend, Marcee marche vers Charles, et ils SORTENT.

ROSEN – Quand je rêve, le monde rêvé semble vivant, réel. Mais quand je me réveille, la richesse de la vie, la réalité même de l'expérience écarte le rêve de mon esprit...

NASH – Mais ce qui est dans ma tête, pour moi, ç'a toujours été plus réel, des plus réel...

ROSEN – (hochant la tête) **Ayant besoin d'une solution mathématique, votre esprit en crée une. Solitaire, votre esprit fabrique un meilleur ami. Manquant d'objectifs, votre esprit crée une mission secrète pour sauver le monde.**

NASH – Est-ce que vous dites que c'est pourquoi je suis fou ou c'est parce que je suis fou ?

ROSEN – Notre pensée courante varie...

John se penche en avant, prédateur.

NASH – Vous ne savez pas, n'est-ce pas ? Vous ne savez réellement pas.

Rosen ouvre ses mains.

ROSEN – John, no one understands precisely what schizophrenia is. How it works–

NASH – A problem.

John looks out at the window, turns back to Rosen.

NASH – A problem. That's all this is. A problem with no solution. That's what I do. Solve problems. It's what I am best at.

ROSEN – John, this isn't a question of intellect–

NASH – My dreams are more real than my life, isn't that what you said?

John turns to face Alicia.

NASH – So, I simply have to find a way to transpose those values–

ALICIA (nodding) **– To make the experience of life more real than the dream–**

NASH – Then all this, the everyday, would displace the fantasies–

ALICIA – And the delusions[1] **might fade, might ultimately disappear–**

ROSEN – Stop! Now! Both of you.

They turn to face him.

ROSEN – This isn't match. You can't come up with a formula to change the way you experience the world.

NASH – I just have to apply my mind.

ROSEN – There's no theorem. No proof. You can't reason your way out of this.

NASH – Why not? Why can't I?

ROSEN – Because your mind is where the problem is the first place.

John opens his mouth. Closes it again. Takes a beat to re-group.

1. **delusion** [dɪ'luːʒən] : 1. (ici) *illusion, hallucination* ; 2. *délire.*

ROSEN – John, personne ne comprend avec précision ce qu'est la schizophrénie. Comment cela fonctionne.

NASH – Un problème.

John regarde par la fenêtre, se retourne vers Rosen.

NASH – Un problème. C'est tout ce que c'est. Un problème sans solution. C'est ce que je fais. Résoudre des problèmes. C'est ce que je fais de mieux.

ROSEN – John, ceci n'est pas une question d'intelligence...

NASH – Mes rêves sont plus réels que ma vie, n'est-ce pas ce que vous voulez dire ?

John se tourne vers Alicia.

NASH – Donc, il faut simplement que je trouve un moyen de transposer ces valeurs...

ALICIA – (hochant la tête) **Rendre l'expérience de la vie plus réelle que le rêve...**

NASH – Alors tout ceci, le quotidien, supplanterait les fantasmes...

ALICIA – Et les hallucinations pourraient diminuer, pourraient en fin de compte disparaître...

ROSEN – Arrêtez ! Maintenant ! Tous les deux.

Ils se tournent pour lui faire face.

ROSEN – Cela n'est pas approprié. Vous ne pouvez pas inventer une formule pour changer la façon dont vous expérimentez le monde.

NASH –Il suffit que je me serve de mon cerveau.

ROSEN – Il n'y a pas de théorème. Pas de preuve. Vous ne pouvez sortir de là par la raison.

NASH – Pourquoi pas ? Pourquoi ne puis-je pas ?

ROSEN – Parce que c'est dans votre esprit que le problème réside en premier lieu.

John ouvre la bouche. La referme à nouveau. Prend un temps pour se ressaisir.

NASH – I can work this out[1]. I just need time...

ROSEN – Schizophrenia is degenerative, John. Some days may be symptom free, but over time... You're getting worse.

(OVER) A tiny WHINE, like a distant cry. Nash looks up.

NASH – Is that the baby?

ALICIA – The baby's at my Mother's, John.

Nash looks up at Marcee, crossing the archway to the living room. It is she who has begun to HUM.

ROSEN – Without treatment, the fantasies may take over[2] entirely.

INT. – NASH BEDROOM – LATE AFTERNOON

PAN ACROSS open drawers, a half packed suitcase, FIND Nash sitting on the bed, holding Alicia's handkerchief, staring into space.

ALICIA (OVER) – **Almost ready?**

Alicia stands in the doorway, her expression brave.

ALICIA – Rosen's waiting outside.

Nash looks up to his wife, his smile sad enough to snap your heart.

NASH – I can't go back to the hospital. (simple truth) **I won't come home.**

ALICIA – He said if you sait that... He has commitment papers for me to sign.

Nash nods, so terribly tired. What he expected.

NASH – Maybe you won't. Sign them, I mean. Maybe you'll give me some time. I'll try... maybe I can figure this out.

She steps towards him but he stops her with a gesture. Only as he looks up do we really see the toll[3] this is taking on him.

---

1. **to work out** : 1. (ici) *résoudre, trouver* ; *déchiffrer* ; 2. *élaborer, combiner* ; 3. *arriver à comprendre.*

2. **to take over** : 1. (ici) *l'emporter sur* ; 2. *absorber, racheter* ; 3. *remplacer.*

3. **toll** : 1. (ici) *poids* ; 2. *nombre de victimes* ; 3. *péage* ; 4. (cloche d'église) *sonnerie.*

NASH – Je peux résoudre ça. J'ai juste besoin de temps...

ROSEN – La schizophrénie est dégénérative, John. Certains jours peuvent être sans symptômes mais, avec le temps... Votre état s'aggrave...

(OFF) Un petit GÉMISSEMENT, comme un cri éloigné. Nash lève les yeux.

NASH – Est-ce que c'est le bébé ?

ALICIA – Le bébé est chez ma mère, John.

Nash lève les yeux sur Marcee, traversant la porte cintrée donnant sur le salon. C'est elle qui a commencé à chantonner.

ROSEN – Sans traitement, les hallucinations peuvent l'emporter complètement.

INT. – CHAMBRE À COUCHER DE NASH – TARD DANS L'APRÈS-MIDI

PANORAMIQUE sur des tiroirs ouverts, une valise à demi faite. ON TROUVE Nash assis sur le lit, tenant le mouchoir d'Alicia, fixant le vide.

ALICIA – (OFF) **Presque prêt ?**

Alicia se tient sur le seuil, son expression est courageuse.

ALICIA – Rosen nous attend dehors.

Nash lève les yeux sur sa femme, son sourire est assez triste pour vous briser le cœur.

NASH – Je ne peux pas retourner à l'hôpital (simple vérité). **Je ne retournerai pas à la maison.**

ALICIA – Il a dit que si tu disais ça... Il a des documents d'internement à me faire signer.

Nash hoche la tête, si terriblement fatigué. Ce à quoi il s'attendait.

NASH – Peut-être tu ne le feras pas. Les signer, je veux dire. Peut-être me donneras-tu un peu de temps. J'essaierai... peut-être puis-je arriver à résoudre ça.

Elle s'avance vers lui, mais il l'arrête d'un geste. Ce n'est que lorsqu'il lève les yeux que l'on peut réellement voir le poids qui pèse sur lui.

NASH – But whatever you do, I think Rosen's right about one thing. You shouldn't be here. I'm not safe anymore.
Alicia stands in the doorway. Staring at her husband.

ALICIA – Would you have hurt me, John?

A figure races past behind her, Marcee, like a ghost, startlingly fast, then gone. He looks up at his wife.

NASH – ... I don't know.

Nash has to look away. When he looks back up, his wife is gone.
PUSH IN ON this single figure sitting alone.
HOLD on John. (OVER) The SOUND of a car, PULLING AWAY. Nash lowers his head, his expression a mask of loss[1] and despair.
A SERIES OF CUTS. Nash sitting on the bed... WIDER on Nash, still sitting, alone in the room... WIDER still THROUGH THE WINDOW, Nash still sitting, so small, so alone.
NASH – CLOSE. John still hasn't moved, looks like he may never.

ALICIA (OVER) – **Rosen said to call if you try to kill me or anything.**

THROUGH THE OPEN DOORWAY. Alicia stands in the bedroom, looking at Nash, so picture perfect she can only be a hallucination.

NASH – You're still here.

ALICIA – I'm still here.

She walks towards him now in the dying light.

ALICIA – You want to know what's real?

She kneels now, before him, takes his hand, puts it on her cheek.

ALICIA – This is real.

1. **loss** : 1. (ici) *chagrin, malheur* ; 2. *perte* ; 3. *sinistre* (assurance).

NASH – Mais quoi que tu fasses, je pense que Rosen a raison à propos d'une chose. Tu ne devrais pas être ici. Je ne suis plus sans risques.

Alicia se tient sur le seuil. Fixant son mari.

ALICIA – Est-ce que tu m'aurais blessée, John ?

Une silhouette passe en courant derrière elle, Marcee, telle un fantôme, étonnamment rapide, puis disparaît. Il lève les yeux sur sa femme.

NASH – ... Je ne sais pas.

Nash doit regarder ailleurs. Quand son regard revient, sa femme est partie.

LA CAMÉRA SE RESSERRE SUR sur cette seule silhouette, assise, solitaire.

ON RESTE SUR John. (OFF). Le BRUIT d'une voiture, DÉMARRANT. Nash baisse la tête, un masque d'abandon et de désespoir sur le visage.

SÉRIE DE PLANS. Nash assis sur son lit... PLAN ÉLARGI sur Nash, toujours assis, seul dans la pièce. PLAN ENCORE PLUS LARGE À TRAVERS LA FENÊTRE. Nash toujours assis, si petit, si solitaire.

NASH – GROS PLAN. John n'a toujours pas bougé, comme s'il ne bougerait plus jamais.

ALICIA – Rosen a dit d'appeler si tu essaies de me tuer ou de me blesser.

AU TRAVERS DE LA PORTE OUVERTE. Alicia est debout dans la chambre, regardant Nash, une image si parfaite qu'elle ne peut être qu'une hallucination.

NASH – Tu es toujours là.

ALICIA – Je suis toujours là.

Elle avance vers lui maintenant dans la lumière qui s'affaiblit.

ALICIA – Tu veux savoir ce qui est réel ?

Elle s'agenouille maintenant devant lui, prend sa main, la pose sur sa joue.

ALICIA – Ça, c'est réel.

She stares into his eyes.

ALICIA – This. Just this.

She reaches up and touches his face.

ALICIA – What if the part of us that knows waking from the dream...(touches his head) **What if it isn't here...**(touches his heart) **What if it's here?**

She reaches up and touches his face with the soft back of her bent fingers, like half a prayer.

ALICIA – I need to believe... that something extraordinary is possible.

And he moves into her arms, his tears finally coming now in RACKING SOBS, two small souls holding on to each other for dear life.

EXT. – PRINCETON UNIVERSITY – BLAIR STEPS – MORNING – FALL

Nash, in a baggy suit, climbs the steps. Students move across the common. The clothes may be different, but it's the same Princeton Nash entered so many years ago as a Freshman.

INT. – FINE HALL – HALLWAY – DAY

Nash stands before a door that reads CHAIR[1]: MATH DEPARTMENT.

Takes a step forward, a step back, repeats the tiny dance of indecision.

He pauses, pulls something out of his pocket. Alicia's rose embroidered handkerchief. Holding it tight like a talisman, he KNOCKS on the door.

INT. – MATH DEPARTMENT – OFFICE

Helinger's office once, years ago. A fellow sits, head bent over a desk, his face not yet visible to us. (OVER) A KNOCK

1. **chair** : 1. (ici) *président* ; 2. *chaise, fauteuil* ; 3. *chaire* (université).

Elle le rgarde dans les yeux.

ALICIA – Ça, juste ça.

Elle remonte et touche son visage.

ALICIA – Et si la partie de nous qui sait se réveiller du rêve... (elle touche sa tête), **et si elle n'est pas ici** (elle touche son cœur) **Et si elle est ici ?**

Elle remonte et touche son visage avec le côté doux de ses doigts repliés, comme dans une demi-prière.

ALICIA – J'ai besoin de croire... que quelque chose d'extraordinaire est possible.

Et il se met dans ses bras, ses larmes venant maintenant en SANGLOTS DÉCHIRANTS, deux petites âmes se soutenant l'une l'autre pour leur précieuse vie.

EXT. – UNIVERSITÉ DE PRINCETON – ESCALIER BLAIR – MATIN – AUTOMNE

Nash, dans un costume trop ample, monte les marches. Des étudiants se déplacent sur le terrain. Les vêtements sont peut-être différents, mais c'est le même Princeton où Nash était arrivé il y a bien des années comme étudiant de première année.

INT. – FINE HALL – ENTRÉE – JOUR

Nash est debout devant une porte où est affiché PRÉSIDENT : DÉPARTEMENT DE MATHÉMATIQUES. Fait un pas en avant, un pas en arrière, recommence la petite danse de l'indécision. Il fait une pause, tire quelque chose de sa poche. Le mouchoir brodé d'une rose d'Alicia.

Il le tient serré comme un talisman, il FRAPPE à la porte.

INT. – DÉPARTEMENT DE MATHÉMATIQUES – BUREAU

Le bureau de Helinger, autrefois, des années auparavant. Un type est assis, tête baissée sur un bureau, le visage pas encore visible pour nous. (OFF) ON FRAPPE.

MAN (OVER) **– Come.**

Nash ENTERS; agitated, looking worn as he stands in the doorway.

NASH – Hello Martin.

The fellow looks up, familiar face going from confusion to shock. It's Hansen.

HANSEN – Jesus Christ

NASH – No. I don't have that one. My savior complex takes a different form.

Hansen just stares, his expression almost impossible to decode.

HANSEN – I heard what happened. I wanted to write. I tried Macarthur but you had left and I just... God, how are you?

NASH – Nutty[1] as a fruitcake[2]. And you?

Nash can't stay still, has moved now to a bookshelf displaying an array[3] of prizes, framed awards[4] and medals.

NASH – You won after all.

HANSEN – They were wrong, John. No one wins.

Nash just shakes his head tentative.

HANSEN – Sit down. Please.

Hansen returns to behind his desk.

HANSEN – I'm so glad to see you. What brings you back to Princeton?

CHARLES (OVER) **– Tell him you're a genius–**

Nash spins over his shoulder to see Charles in the open doorway.

CHARLES – Tell him you're on a mission. Tell him your work is critical -

John gestures angrily for Charles to be quiet. Turns back to face Hansen, who stares a beat.

NASH – Would you be willing to ignore what I just did?

HANSEN – What are old friends for?

NASH – Is that what we are? Friends?

HANSEN – Of course. We always have been.

---

1. **nutty** : 1. (ici) *dingue, timbré* ; 2. m. à m. *aux noix.*

2. **fruit cake** : 1. (ici) *cinglé* ; 2. *cake.*

3. **array** : 1. (ici)*ensemble, collection* ; 2. *parure, atours.*

4. **award** : 1. (ici) *médaille, décoration* ; 2. *décision, sentence, dommages-intérêts.*

HOMME – (OFF) **Entrez.**

Nash ENTRE, agité, l'air usé tandis qu'il est debout dans l'entrée.

NASH – Salut, Martin.

Le bonhomme lève les yeux, un visage familier passant de la confusion au choc. C'est Hansen.

HANSEN – Mon Dieu.

NASH – Non. Je n'ai pas celui-là. Mon complexe de Sauveur prend une forme différente.

Hansen le fixe seulement, son expression presque impossible à déchiffrer.

HANSEN – J'ai appris ce qui s'est passé. Je voulais écrire. J'ai essayé Macarthur mais tu étais parti et j'ai juste... Ciel, comment vas-tu ?

NASH – Complètement dingue.

Nash ne peut rester sans bouger, il s'est maintenant déplacé vers une étagère exposant une collection de prix et de médailles.

NASH – Tu as gagné, après tout.

HANSEN – Ils ont eu tort, John. Personne ne gagne.

John secoue juste la tête, hésitant.

HANSEN – Assieds-toi. S'il te plaît.

Hansen retourne derrière son bureau.

HANSEN – Je suis si heureux de te voir. Qu'est-ce qui te ramène à Princeton ?

CHARLES – (OFF) **Dis-lui que tu es un génie.**

Nash se retourne pour voir Charles dans l'embrasure de la porte.

CHARLES – Dis-lui que tu es en mission. Dis-lui que ton travail est crucial...

Nash avec colère fait signe à Charles de se taire. Il se tourne vers Hansen, qui le fixe un temps.

NASH – Voudrais-tu bien ignorer ce que je viens de faire ?

HANSEN – À quoi servent les vieux amis ?

NASH – Bien sûr. On l'a toujours été.

A beat. Then John just shakes his head.

NASH – Alicia and I think fitting in, being part of community might do me good. That some level of attachment to places, to other people might help me sort of elbow out[1] these... (looks up at the door) **Certain delusions that I have. It's only a theory, how I might get better. It's a lot to ask. And now that I'm here it occurs to me you'll probably say no. But I was wondering could I kind of hang around?**

Hansen stares at him across the desk, this arch rival, this old friend. It is a long moment before he speaks. Then...

HANSEN – Will you be needing an office?

EXT. – PRINCETON – CAMPUS PATH – DAY – WALKING

John walks the same path he traveled so many years ago. Students pour past him. John slows. Finally stops.

PULL BACK AND UP TO REVEAL... Nash stands alone, out of place amidst the ever-moving human sea.

INT. – FINE HALL – HALLWAY – AFTERNOON – WALKING

A young ADJUNCT[2] is trailing Hansen down the stairs.

ADJUNCT – So this guy tries to wander into the library but he doesn't have ID...

HANSEN – Why can't people read their memos...

ADJUNCT – And he goes totally nuts[3]...

They arrive at the picture window at the end of the hall. HANSEN looks down, expression darkening...

---

1. **to elbow out** : expr. *se débarrasser* (m. à m. *sortir avec ses coudes*).
2. **adjunct** : 1. (ici) *adjoint, auxiliaire* ; 2. *accessoire*.
3. **nuts** : 1. (ici) *dingue, timbré* ; 2. *couilles* ; **nuts !** (interj.) *des clous !*

Un temps. Puis John secoue juste la tête.

NASH – Alicia et moi pensons nous installer, faire partie d'une communauté pourrait me faire du bien. Qu'un certain niveau d'attachement à des lieux, à d'autres gens pourrait m'aider en quelque sorte à me débarrasser de ces… (il lève les yeux vers la porte) **certaines hallucinations dont je souffre. Ce n'est qu'une théorie sur la façon dont je pourrais aller mieux. C'est beaucoup demander. Et maintenant que je suis ici il me semble que tu diras probablement non. Mais je me demandais si je pourrais, en quelque sorte, traîner par ici ?**

Hansen le regarde depuis son bureau, son principal rival, ce vieil ami. Il se passe un long moment avant qu'il parle. Puis…

HANSEN – Auras-tu besoin d'un bureau ?

EXT. – PRINCETON – ALLÉE DU CAMPUS – JOUR – EN MARCHANT

John marche dans la même allée qu'il a empruntée il y a tant d'années. Des étudiants affluent près de lui. John ralentit. Finalement s'arrête.

TRAVELLING ARRIÈRE ET MONTANT POUR DÉCOUVRIR… Nash debout seul, déplacé au milieu de cette marée humaine en mouvement continu.

INT. – FINE HALL – ENTRÉE – APRÈS-MIDI – EN MARCHANT

Un jeune auxiliaire entraîne Hansen en bas des marches.

AUXILIAIRE – Alors ce type essaie de se promener dans la bibliothèque mais il n'a pas de pièce d'identité…

HANSEN – Pourquoi les gens ne peuvent-ils pas lire leurs mémos…

AUXILIAIRE – Et il a l'air complètement cinglé…

Ils arrivent à la baie panoramique au bout de la salle. Hansen regarde en bas, son expression s'assombrissant.

THROUGH THE WINDOW – COURTYARD – HIGH ANGLE

Amidst a crowd of gaping students, Nash is storming the courtyard in tight figure eights, CURSING at the empty air.

HANSEN – Shit!

EXT. – PRINCETON COURTYARD – AFTERNOON

Nash walks his figure eights. Parcher keeps pace, matching Nash step off step, right in his face.

PARCHER – Is this what you are, Soldier? Some useless ghoul[1]. The local madman?

NASH – I'm not a soldier.

PARCHER – You're going to end up old, in a cell. Worthless. Discarded.

NASH – There is no mission.

PARCHER – And while you rock and drool[2], the world will burn to ashes.

NASH – You are not real.

PARCHER – You're still talking to me.

Two campus cops peel away from the inside of the crowd, heading towards Nash. Hansen gets there first, grabbing Nash.

HANSEN (shake him) – **John? John.**

Nash stops. Faces Hansen.

HANSEN – I'm sorry...

Nash is looking around. At the gaping students. The still wary security guards. All staring at him.

HANSEN – I just heard what happened...

But John has stopped listening. His eyes are hollow with shame, defeat. A beat. Then he walks off towards the gate.

HANSEN – Nash...

But John John keeps walking. Parcher smiles. Opens his arm.

PARCHER – Ladies and Gentleman, the great John Nash.

---

1. **ghoul** : 1. (ici) *morbide, amateur de macabre* ; 2. *goule.*

2. **to drool** signifie *baver*, sens qu'il a fallu adapter pour les besoins de la traduction. L'action évoquée par ce verbe fait partie des lieux communs un peu caricaturaux souvent attribués à la folie par l'imagination populaire.

À TRAVERS LA FENÊTRE – COUR – PLAN EN PLONGÉE

Au milieu d'une foule d'étudiants éberlués, Nash avance comme un ouragan dans la cour en faisant des huit serrés, LANÇANT DES JURONS dans le vide.

HANSEN – Merde !

EXT. – COUR À PRINCETON – APRÈS-MIDI

Nash marche en faisant des huit. Parcher le suit, réglant son pas sur celui de Nash, droit devant lui.

PARCHER – Est-ce cela que tu es, soldat ? Un morbide inutile. Le cinglé local ?

NASH – Je ne suis pas un soldat.

PARCHER – Tu vas finir vieux, dans une cellule. Inutile. Mis au rebut.

NASH – Il n'y a pas de mission.

PARCHER – Et pendant que tu te balances et raconte des bêtises, le monde va brûler et partir en cendres.

NASH – Tu n'es pas réel.

PARCHER – Tu me parles encore.

Deux policiers du campus se détachent du milieu de la foule, se dirigeant vers Nash. Hansen arrive le premier, attrapant Nash.

HANSEN – (il le secoue) **John ? John.**

Nash s'arrête. Fait face à Hansen.

HANSEN – Je suis désolé…

Nash regarde autour de lui. Les étudiants bouche bée. Les agents de sécurité toujours méfiants. Tous le fixant.

HANSEN – Je viens juste d'apprendre ce qui s'est passé…

Mais Nash a cessé d'écouter. Ses yeux sont vides de honte, de défaite. Un temps. Puis il part en marchant vers la grille.

HANSEN – Nash…

Mais John continue à marcher. Parcher sourit. Ouvre ses bras.

PARCHER – Mesdames et Messieurs, le grand John Nash.

EXT. – NASH LAWN – EVENING

Alicia sits on the picnic table, the baby in his playpen on the lawn before her. Nash stands over her, his shirt untucked, tie half off. His face and posture are a portrait off surrender.

NASH – And their faces, the way they were all staring at me.

ALICIA – John, stress can trigger the delusions–

NASH – And then, on the way home, Charles was there again...

John looks away.

NASH – Sometimes I miss talking to him.

Alicia opens her mouth to speak. No words.

NASH – Maybe Rosen was right. Maybe I have to think about going to the hospital.

ALICIA (searching) **– Maybe try again tomorrow.**

(OVER) The baby WHIMPERS. John watches as Alicia goes to feed him his binky. That's when Parcher steps INTO FRAME at John's shoulder.

PARCHER – The world peels back[1] like an onion. Without us, Nash, what's left?

Nash just looks at Parcher, holds his eyes.

PARCHER – You see us. We see you. Who's to say what's real? What truth do you want?

John looks up, away from Parcher, fighting to ignore him. Alicia comes up beside John, follows his gaze into the sky.

ALICIA – Do you see the umbrella?

Nash looks over his shoulder a beat at Parcher, now standing impossibly, a few feet away.

NASH – No. Just stars.

Parcher shakes his head, turns and walks away.

ALICIA – Here. Let me show you.

As Alicia slides her arm around John, HOLD on this couple, standing together against all the dark in the world.

---

1. **to peel back** : 1. (ici) *se défaire* ; 2. *se détacher, se décoller.*

EXT. – PELOUSE DE NASH – SOIR

Alicia est assise à la table de pique-nique, le bébé dans son parc sur la pelouse devant elle. Nash est debout au-dessus d'elle, sa chemise sortie du pantalon, cravate à moitié défaite. Son visage et son attitude sont l'image de la capitulation.

NASH – Et leurs visages, la façon dont ils me fixaient tous.

ALICIA – John, le stress peut déclencher les illusions...

NASH – Et puis, sur le chemin du retour, Charles était encore là...

John regarde ailleurs.

NASH – Parfois, lui parler me manque.

Alicia ouvre la bouche pour parler. Aucun mot.

NASH – Rosen avait peut-être raison. Je dois peut-être penser à retourner à l'hôpital.

ALICIA – (cherchant) **Essaie peut-être encore demain.**

(OFF) Le bébé GÉMIT. John regarde alors qu'Alicia va lui donner sa tétée. C'est alors que Parcher entre DANS LE CADRE derrière l'épaule de John.

PARCHER – Le monde se défait comme un oignon. Sans nous, Nash, que reste-t-il ?

Nash observe juste Parcher, soutient son regard.

PARCHER – Tu nous vois. Nous te voyons. Qui peut dire ce qui est réel ? Quelle vérité veux-tu ?

John lève les yeux, loin de Parcher, luttant pour l'ignorer. Alicia arrive près de John, suit son regard dans le ciel.

ALICIA – Vois-tu un parapluie ?

Nash regarde un instant par-dessus son épaule Parcher, maintenant debout invraisemblablement, à quelques mètres.

NASH – Non. Juste des étoiles.

Parcher secoue la tête, se tourne et s'en va.

ALICIA – Là. Laisse-moi te montrer.

Alors qu'Alicia glisse son bras autour de John, ON RESTE sur ce couple, se dressant ensemble contre toute la noirceur du monde.

EXT. – NASH HOUSE – MORNING

Alicia stands facing Nash in the doorway, kisses him soflty. With the expression of a man going to war, he sets off down the path. Charles and Marcee fall in, trailing silently behind.

INT. – FINE HALL – MORNING

Students file into a classroom. Nash faces Charles and Marcee, Alicia's handkerchief in his hand for courage.

CHARLES – You can't ignore me forever.

NASH – You were a good friend to me. The best. But I won't talk to you again.

Nash bends on one knee before Marcee. He barely touches her cheek before she begins to cry, tiny breathless SOBS.

NASH – Or you either, baby girl. (kisses her head) **Goodbye.**

A PROFESSOR comes to the doorway, stops to stare at this odd man on his knee, kissing thin air. Nash rises, faces the Professor.

NASH – I was wondering if I might audit[1] your seminar?

The young Professor's eyes narrow. He seems suddenly flustered.

PROFESSOR – Oh. Of course. Dr. Hansen mentioned– It's... it's an honor[2], sir.

John is about to step through the door. He stops. Over his shoulder a figure stands watching down the hall. Parcher.

PROFESSOR – Is something wrong?

NASH – It's my first class.

Nash steps over the threshold.

---

1. **to audit** :1. (ici) *assister à* ; 2. *vérifier, appurer* (comptes).
2. **honor** (US), **honour** (GB).

EXT. – MAISON DE NASH – MATIN

Alicia est debout face à Nash dans l'entrée, l'embrasse doucement. Avec l'expression d'un homme qui s'en va à la guerre, il part en descendant l'allée.

Charles et Marcee entrent en scène, traînant silencieusement derrière.

INT. – BÂTIMENT FINE – MATIN

Des étudiants entrent en file dans une salle de classe. Nash fait face à Charles et Marcee, le mouchoir d'Alicia à la main pour se donner du courage.

CHARLES – Tu ne peux pas éternellement m'ignorer.

NASH – Tu as été un bon ami pour moi. Le meilleur. Mais je ne te parlerai plus à nouveau.

Nash se plie sur un genou devant Marcee. Il lui touche à peine la joue avant qu'elle commence à pleurer, de petits SANGLOTS oppressés.

NASH – Ni à toi non plus, petit bébé. (Il embrasse sa tête.) **Adieu.**

UN PROFESSEUR arrive dans l'entrée, s'arrête pour regarder cet homme étrange à genoux, embrassant le vide. Nash se lève, fait face au Professeur.

NASH – Je me demandais si je pourrais assister à votre séminaire.

Les yeux du jeune professeur se plissent. Il paraît soudain troublé.

PROFESSEUR – Oh, bien sûr. Le Dr Hansen m'a signalé... C'est... c'est un honneur, monsieur.

John est sur le point de franchir le seuil. Il s'arrête. Au-dessus de son épaule une silhouette est debout, observant la salle. Parcher.

PROFESSEUR – Quelque chose ne va pas ?

NASH – C'est mon premier cours.

Nash franchit le seuil.

INT. – PRINCETON – LIBRARY – DAY

TRACK PAST a librarian, PAST oak tables and green reading lights to FIND Nash, scrawling symbols over a window with a wax pencil, pacing, MUMBLING to himself.

Nash stops, rests his head against the glass, defeated, looking down at the campus below. What he sees is startling. See it now...

EXT. – PRINCETON COURTYARD – SPRING DAY

Nash walks in figure eights, silent as Parcher SHOUTS at him. Students pass without a second glance, folks used to him. Nash looks past Parcher to see...

EXT. – PRINCETON HENRY QUAD ARCHES – FALL – DAY-1963

A figure walks towards the gate. CAMERA TURNS TO REVEAL a slightly older Nash. He is met by a slightly older Alicia. Nash looks disheveled[1], beaten by the day. Alicia smoothes his hair, adjusts his tie. Nash glances up...

EXT. – PRINCETON CAMPUS – SUMMER – DAY

Nash is crossing campus, head down, briefcase clutched in his hugging arms.

WIDER. Three students trail, heads down, books hugged to their chests in taunting mimicry. Nash looks up to see...

EXT. – PRINCETON COMMON – BLAIR STEPS – SPRING – DAY

Nash climbs the familiar steps. Around him, at least half the passing students are female. Through the crowd, he catches a glimpse of a familiar figure staring at him, eyes wide. Marcee. Nash looks over his shoulder to see...

---

1. **disheveled** (US), **dishevelled** (GB) : *ébouriffé, dépeigné.*

INT. – PRINCETON – BIBLIOTHÈQUE – JOUR

TRAVELLING LE LONG D'UN bibliothécaire, LE LONG de tables en chêne et de lampes de travail pour DÉCOUVRIR Nash griffonnant des symboles sur une fenêtre avec un pinceau en cire, marchant à pas comptés, MARMONNANT à lui-même.

Nash s'arrête, pose sa tête contre la vitre, vaincu, regardant le campus en dessous. Ce qu'il voit est saisissant. Regardez cela maintenant...

EXT. – COUR DE PRINCETON – PRINTEMPS – JOUR

Nash marche en faisant des huit, silencieux, alors que Parcher lui CRIE dessus.

Des étudiant passent sans un second regard, des jeunes habitués à lui. Nash regarde au-delà de Parcher pour voir...

EXT. – ARCADES HENRY QUAD DE PRINCETON – AUTOMNE – JOUR – 1963

Une silhouette se dirige vers la grille. LA CAMÉRA SE TOURNE POUR RÉVÉLER un Nash légèrement plus âgé. Il rencontre une Alicia légèrement plus âgée. Nash a l'air ébouriffé, épuisé. Alicia lisse ses cheveux, ajuste sa cravate. Nash lève les yeux...

EXT. – CAMPUS DE PRINCETON – ÉTÉ – JOUR

Nash traverse le campus, tête baissée, serviette serrée fort dans ses bras.

PLAN ÉLARGI. Trois étudiants suivent, têtes baissées, livres serrés contre leurs poitrines, en imitation railleuse. Nash lève les yeux pour voir...

EXT. – TERRAIN DE PRINCETON – ESCALIER BLAIR – PRINTEMPS – JOUR

Nash monte les marches familières. Autour de lui, la moitié au moins des étudiants sont des femmes. À travers la foule, il entrevoit une silhouette familière qui le regarde, les yeux ouverts. Marcee. Nash regarde au-dessus de son épaule pour voir...

EXT. – PRINCETON COURTYARD – SPRING DAY

Nash rides his bicycle in figure eights. PULL UP TO REVEAL...

EXT. – PRINCETON LIBRARY WINDOW – FALL[1] – DAY – 1978

A figure looks down at campus through rows of symbols that cover the glass before him. It's Nash, twelve years older than when we left him here.

INT. – LIBRARY – FALL – MINUTES LATER

Nash turns away from the window, goes back to his pad on one of the oak reading tables.

VOICE (OVER) – **Did you just solve Riemann?**

John looks up to face a SKINNY[2] student who gestures to the large circular window, covered now with orderly rows of symbols.

NASH – This analogue to Frobenius[3] only works for a sporadic family of non commutative extensions. So, no. But I'm making progress.

STUDENT – You're John Nash, right?

The Student PLONKS his textbook on the table. Opens it.

STUDENT – I've been studying your equilibrium.

TEXT BOOK – CLOSE. Under the title FUNDAMENTALS IN MATHEMATICS is Nash's Equilibrium. Nash smiles, this is news.

STUDENT – To come up with something totally original the way you did...

The kid slides his notebook towards Nash.

STUDENT – I've been developing a theory. I believe I can show that Galois[4] extensions are covering spaces[5]. That everything is connected. That it's all one subject. Maybe you could take a look.

---

1. **fall** (US) : *automne* ; **autumn** (GB).

2. **skinny** : *très mince*, d'où ici *maigrichon*.

3. **Georg Frobenius** (1849-1917) : mathématicien allemand.

4. **Évariste Galois** (1811-1832) : mathématicien français, mort à vingt ans, à la suite d'un duel. Prodige précoce, il a donné son nom à une branche des mathématiques, la théorie de Galois. Son comportement très fantasque et bizarre rappelle, un siècle plus tôt, celui de John Forbes Nash.

EXT. – COUR DE PRINCETON – PRINTEMPS – JOUR

Nash fait des huit avec sa bicyclette. TRAVELLING MONTANT POUR RÉVÉLER…

EXT. – FENÊTRE DE LA BIBLIOTHÈQUE DE PRINCETON – AUTOMNE – JOUR – 1978

Une silhouette regarde le campus à travers des rangées de symboles qui couvrent la vitre devant lui. C'est Nash, âgé de douze ans de plus que lorsque nous l'avons laissé ici.

INT. – BIBIOTHÈQUE – AUTOMNE – QUELQUES MINUTES PLUS TARD

Nash se détourne de la fenêtre, retourne à son bloc posé sur une des tables de lecture en chêne.

VOIX – Avez-vous juste résolu Riemann ?

John lève les yeux pour faire face à un étudiant MAIGRICHON qui montre du geste la grande fenêtre circulaire, couverte de rangées ordonnées de symboles.

NASH – Cet analogue de Frobenius ne marche que pour une famille exceptionnelle d'extensions non commutatives. Non, ça ne marche pas. Mais j'avance.

ÉTUDIANT – Vous êtes John Nash, n'est-ce pas ?

L'étudiant pose bruyamment son manuel sur la table. L'ouvre.

ÉTUDIANT – J'ai étudié votre équilibre.

GROS PLAN DU MANUEL. Sous le titre FONDAMENTAUX EN MATHÉMATIQUES, on lit L'Équilibre de Nash. Nash sourit, c'est du nouveau.

ÉTUDIANT – Pour arriver à quelque chose de totalement original, la façon dont vous avez…

Le jeune homme glisse son cahier vers Nash.

ÉTUDIANT – J'ai développé une théorie. Je crois que je peux montrer que les extensions de Galois couvrent des espaces. Que tout est connecté. C'est-à-dire tout dans un sujet. Peut-être pourriez-vous jeter un coup d'œil.

---

5. **are covering spaces** : *sont des revêtements* (terme mathématique de topologie).

John looks at this boy, the fevered ambition in his eyes so bright, so familiar. A beat. Nash shuts the boy's notebook.

NASH – When was the last time you ate?

The boy stares at him blankly. Nash reaches into his lunch bag.

NASH – You know, food?

Nash slides half a sandwich across the puzzled boy.

NASH – The woman loves mayonnaise.

EXT. – PRINCETON – MAIN GATE – AFTERNOON

Alicia, now ten years older, gentle lines[1] around her eyes, stands waiting. Checks her watch. Nervous. Hansen walks up.

HANSEN – Hurry. You need to see something.

INT. – PRINCETON LIBRARY – DAY – MOMENTS LATER

Alicia stands just behind Hansen, her eyes wide.

ALICIA – Oh.

Nash sits with the Skinny student, talking intently about a series of equations written on a free standing blackboard.

NASH – ... And the bicycle travels continuously at a rate of twenty miles per hour and the fly travels back and forth from tire to tire so how far is the fly from it's starting point in one our?

The student glances up at him, anxious. Nash smiles.

NASH – I said the bike is going twenty miles an hour. So that's how far the fly goes. Twenty miles. That's the point. Listen.

The way Nash explains, the way the kid reacts, how they both LAUGH, they look like nothing more than professor and student. HOLD on Alicia, eyes sparkling. And she smiles.

1. **line** : 1. (ici) *ride* ; 2. *rang, rangée* ; 3. *mot* ; 4. *frontière, limite* ; 5. *ligne* ; 6. *chaîne* ; 7. *tuyau* (information).

John regarde ce garçon, l'ambition fiévreuse dans ses yeux si brillants, si familiers. Un temps. Nash ferme le cahier du garçon.

NASH – Quand as-tu mangé pour la dernière fois ?

Le garçon le regarde, l'air ahuri. Nash fouille dans le sac contenant son déjeuner.

NASH – Tu sais, la nourrriture ?

Nash glisse la moitié d'un sandwich vers le garçon déconcerté.

NASH – La femme aime la mayonnaise.

EXT. – PRINCETON – GRILLE PRINCIPALE – APRÈS-MIDI

Alicia, maintenant dix ans de plus, de légères rides sous les yeux, est debout à attendre. Examine sa montre. Nerveuse. Hansen approche.

HANSEN – Dépêche-toi. Il faut que tu voies quelque chose.

INT. – BIBLIOTHÈQUE DE PRINCETON – JOUR – QUELQUES INSTANTS PLUS TARD

Alicia est debout juste derrière Hansen, les yeux grands ouverts.

ALICIA – Oh.

Nash est assis avec l'étudiant maigrichon, discutant avec concentration sur une série d'équations écrites sur un tableau noir isolé.

NASH – ... Et la bicyclette roule sans s'arrêter à une allure de vingt miles à l'heure et la mouche fait l'aller et retour d'un pneu à l'autre, alors à quelle distance est la mouche depuis son point de départ en une heure ?

L'étudiant le regarde, inquiet. Nash sourit.

NASH – J'ai dit que la bicyclette roule à vingt miles à l'heure. Donc c'est la distance que parcourt la mouche. C'est la conclusion. Écoute.

La façon dont Nash explique, la façon dont le garçon réagit, la manière dont ils RIENT, tous les deux, ils ont air, ni plus ni moins, d'un professeur et un étudiant.

ON RESTE SUR Alicia, les yeux brillants. Et elle sourit.

EXT. – PRINCETON – FALL – DAY – WALKING

Long haired students toss frisbees[1], play hacky-sack[2]. Nash and Hansen walk together. No words. Finally...

NASH – I was thinking I might teach.

HANSEN – A classroom with fifty students is daunting for anyone. And you're a terrible teacher, John.

NASH – Details, details.

HANSEN – What about, you know... Are they gone?

NASH – Oh no, they're not gone. Maybe they will never be.

Nash looks back over his shoulder. Walking behind them are Charles, William and Marcee. They stare at him with little emotion.

NASH – But I've gotten used to ignoring them. And I think, as a result, they've kind of given up on me. Do you think that's the way it is with our dreams and our nightmares? That we have to keep fending them for them to stay alive?

HANSEN – But they haunt you?

NASH – They're my past, Martin. Everybody is haunted by their past. Do you understand?

HANSEN – Maybe. Almost.

They have come, now, to one of the stone gaming tables where a couple of kids are finishing up a game of GO, stones CLICKING.

NASH – I've got to go. Alicia still worries if I'm late. You get a lot of attention when you're crazy.

HANSEN – I'll talk to the department. Maybe in the Spring.

John nods, begins to head off.

HANSEN – Hey Nash.

---

1. **frisbee** : disque volant qui plane en tournant sur lui-même.

2. **hacky-sack** : le jeu consiste à pousser du pied une petite balle en tissu ou en cuir, **a sack**. Le nom du jeu provient de l'expression **let's hack the sack**, *bottons le sac*.

EXT. – PRINCETON – AUTOMNE – JOUR – EN MARCHANT

Des étudiants aux cheveux longs se lancent des frisbees ou jouent avec une petite balle en tissu. Nash et Hansen marchent ensemble. Sans un mot. Finalement...

NASH – Je pensais que je pourrais enseigner.

HANSEN – Une classe avec cinquante étudiants est intimidante pour n'importe qui. Et tu es un épouvantable professeur, John.

NASH – Détails, détails.

HANSEN – Et à propos, tu sais... Sont-ils partis ?

NASH – Oh non, ils ne sont pas partis. Peut-être ne partiront-ils jamais.

John regarde derrière lui. Marchant derrière eux se trouvent Charles, William et Marcee. Ils le regardent avec une légère émotion.

NASH – Mais je me suis habitué à les ignorer. Et je pense, comme résultat, ils ont en quelque sorte laissé tomber en ce qui me concerne. Penses-tu qu'il en est ainsi de nos rêves et de nos cauchemars ? Qu'il nous faut continuer à les nourrir pour qu'ils restent vivants ?

HANSEN – Mais ils te hantent ?

NASH – Ils sont mon passé, Martin. Tout le monde est hanté par son passé. Tu comprends ?

HANSEN – Peut-être. Presque.

Ils sont arrivés, maintenant, à l'une des tables de jeu en pierre où quelques gamins terminent un jeu de GO, les pierres CLAQUANT.

NASH – Je dois partir. Alicia s'inquiète toujours si je suis en retard. On obtient beaucoup d'attention quand on est fou.

HANSEN – J'en parlerai au département. Peut-être au printemps.

John hoche la tête, commence à s'en aller.

HANSEN – Hé, Nash.

Nash spins. Hansen TAPS the game board in front of him. Flips a stone and catches it in his hand.

HANSEN – You scared?

John stares at him. Then he grins.

As John goes and sits down, PULL BACK AND UP over these two old friends, playing with the hearts of the boys they once were.

INT. – PRINCETON – FINE HALL – 1990'S

THE DOOR swings open. Nash emerges amidst a gaggle of students. The way the students cling to him, JABBERING[1], this man is one fine teacher.

MAN (OVER) **– Professor Nash?**

A MAN is standing by the doorway. This is THOMAS KING. Nash's smile is polite, but vaguely puzzled. Turns to a female STUDENT.

NASH – Do you see him?

The girls shrugs, nods.

NASH – You'll forgive me. I'm always suspicious of new people.

Although King is puzzled, the students seem to take it in stride[2]. They just like this guy.

STUDENT – See you next week, Professor.

Nash watches them go, smiling, paternal.

NASH – I have a son that age. Harvard. (rolls his eyes) **So now that you are real, who are you and what can I do for you?**

King takes a beat before speaking. Then...

KING – Professor, my name is Thomas King. I am here to tell you you are being considered[3] for the Nobel Prize[4].

---

1. **to jabber** : 1. (ici) *jacasser, caqueter* ; 2. *bredouiller, baragouiner.*

2. **to take something in stride** : *ne pas être pris au dépourvu* ; *faire qqch avec facilité, en s'accommodant d'une difficulté inattendue.* Le texte utilise une formulation exclusivement américaine ; ailleurs, il faut un adjectif possessif avant **stride** (possible aux États-Unis aussi) : **in <u>their</u> stride.**

3. **to consider** : 1. (ici) *penser, examiner* ; 2. *tenir compte* ; 3. *observer.*

4. **Nobel** : ayant inventé la dynamite et ainsi fait fortune, le suédois **Alfred Nobel** (1833-1896) légua avant sa mort, par testament en 1895, sa fortune à une fondation chargée de récompenser des personnes ayant rendu d'éminents services à l'humanité. La fondation fut créée en 1900, et

Nash se retourne. Hansen tapote le plateau de jeu en face de lui. Lance une pierre et l'attrape dans sa main.

HANSEN – Tu as peur ?

John le regarde. Puis il fait un grand sourire.

Alors que John va et s'assied, TRAVELING ARRIÈRE ET MONTANT sur ces deux vieux amis, jouant avec les cœurs des garçons qu'ils furent autrefois.

INT. – PRINCETON – BÂTIMENT FINE – ANNÉES 1990

LA PORTE s'ouvre grand, Nash émerge d'un troupeau d'étudiants. À la façon dont les étudiants s'accrochent à lui, jacassant, cet homme est un excellent professeur.

HOMME – (OFF) **Professeur Nash ?**

UN HOMME est debout dans l'entrée. C'est THOMAS KING. Le sourire de Nash est poli, mais vaguement perplexe. Il se tourne vers une étudiante.

NASH – Est-ce que vous le voyez ?

La fille hausse les épaules, fait oui de la tête.

NASH – Vous me pardonnerez, je me méfie toujours des gens que je ne connais pas.

Bien que King soit étonné, les étudiants semblent ne pas être dérangés. Simplement ils aiment ce type.

ÉTUDIANT – À la semaine prochaine, professeur.

Nash les regarde partir, souriant, paternel.

NASH – J'ai un fils de cet âge. Harvard. (Il roule les yeux.) **Donc, maintenant que vous êtes réel, qui êtes-vous et que puis-je faire pour vous ?**

King attend un instant avant de parler. Puis...

KING – Professeur, mon nom est Thomas King. Je suis ici pour vous dire que l'on pense à vous pour le prix Nobel.

---

le premier prix Nobel fut décerné le 10 décembre 1901. Le prix est décerné tous les quatre ans dans les domaines suivants : **chimie, économie, littérature, paix, physiologie, physique.**

EXT. – PRINCETON HOLDER ARCHES – SPRING – WALKING

Nash and King walk. Students who pass greet Nash.

NASH – I'm sorry. I'm just a bit stunned.

KING – Over the last ten years your work in game theory has become a foundation of modern economics.

NASH – Suddenly everybody likes that one. What about my work on manifold embedding[1]–

KING – Your equilibrium's applications to FCC[2] bandwith auctions, to anti-trust cases–

NASH – Anti-trust cases? Huh? I never would have thought of that.

They walk through a familiar doorway...

INT. – FACULTY LOUNGE – CLOAK ROOM

No white-jacketed valets. In the main room, High Tea is in progress. The formal dress is gone. The students are multinational, some waiters women. But the ritual is the same.

KING – Shall we have some tea?

Nash stares through the archway a long beat. When he looks back at King, his eyes are sad.

NASH – I don't really go in there.

There is a tragic tenderness to his expression, an acknowledgement[3] of all that has been lost to time.

NASH – I usually just take a sandwich in the library.

King puts his hand on the small[4] of John's back. John slips something out of his pocket. Alicia's handkerchief, rubbing it gently before, finally, he steps over the threshold.

---

1. **manifold embedding** : *plongement* : terme mathématique consistant à comparer deux objets en montrant que l'un des deux est un sous-objet de l'autre.

2. **FCC** : **Federal Communication Commission** (US), organisme chargé de l'organisation de l'audiovisuel aux États-Unis (cf. en France le CSA).

3. **acknowledgment** : 1. (ici) *reconnaissance* ; 2. *remerciements* ; 3. *réponse* ; 4. *accusé de réception, quittance.*

4. **small** : 1. (ici) *creux, taille* ; 2. (pluriel, GB) *sous-vêtements.*

EXT. – ARCADES HOLDER DE PRINCETON – PRINTEMPS – EN MARCHANT

Nash et King marchent. Des étudiants qui passent saluent Nash.

NASH – Je suis désolé. Je suis juste un peu stupéfié.

KING – Au cours des dix dernières années, votre travail sur la théorie des jeux est devenu un fondement de l'économie moderne.

NASH – Tout d'un coup, ça plaît à tout le monde. Et mon papier sur les plongements ?

KING – Vos applications à l'équilibre pour les enchères à large spectre de la FCC, pour les cas antitrust...

NASH – Les cas antitrust ? Hum ! Je n'aurais jamais pensé à ça.

Ils franchissent un seuil familier...

INT. – SALON DE LA FACULTÉ – VESTIAIRE

Pas de valets en veste blanche. Dans la salle principale, un repas léger est en cours. Les vêtements formels ne sont plus de mise. Les étudiants sont de toutes les nationalités, certains « serveurs » sont des femmes. Mais le rituel est le même.

KING – Allons-nous prendre du thé ?

Nash regarde la galerie un long moment. Quand il se retourne sur King, ses yeux sont tristes

NASH – Je ne vais pas vraiment ici.

Il y a une tendresse tragique dans son expression, une reconnaissance de tout ce qui a été perdu dans le temps.

NASH – Je ne prends habituellement qu'un sandwich dans la bibliothèque.

King pose sa main sur le creux du dos de Nash. John tire quelque chose de sa poche. Le mouchoir d'Alicia, le frotte doucement, finalement, il franchit le seuil.

INT. – FACULTY LOUNGE – MOMENTS LATER

Nash and King sit across from each other. A young girl serves them tea from a silver service. Nash smiles at her.

NASH – Things have changed.

The sentence seems to resonate more deeply to him than he had intended. He grows pensive a beat. Then...

NASH – I thought the nomination for the Nobel Prize were secret. I thought you only knew if you won or lost.

KING – That is generally the case, yes. But these are special circumstances. The awards are substantial. They require private funding[1]. As such, the image of the Nobel is quite important...

King stops a beat. Takes a sip of tea.

NASH – So you came here to see if I was crazy. To see if I'd screw everything up if I actually won. Maybe dance at the podium or strip naked and squawk[2] like a chicken.

It's Nash's tone that puts King at ease.

KING – Something like that, yes.

Nash stops, stares off. Then...

NASH – Would I embarrass you? Yes, I suppose it's possible. You see, I am crazy. I take the newer medications. I still see things that are not here. But I choose to ignore them. Like a diet of the mind. I do not indulge certain appetites. My appetite for patterns. And perhaps my appetite to imagine, even to dream. I have lost much. But...

He opens his hands.

YOUNG PROFESSOR – Professor Nash?

John looks up. A young faculty member is staring at him. He reaches into his pocket, lays something down in front of him. It's his pen.

---

1. **to fund** : 1. (ici) *financer* ; 2. *consolider.*

2. **to squawk** : 1. *criailler, brailler* ; 2. *râler* ; 3. *moucharder.*

INT. – SALON DE LA FACULTÉ – QUELQUES INSTANTS PLUS TARD

Nash et King sont assis à côté l'un de l'autre. Une jeune fille leur sert du thé à l'aide d'un service en argent. Nash lui sourit.

NASH – Les choses ont changé.

La phrase lui semble résonner plus profondément qu'il n'en avait l'intention. Il devient pensif un temps. Puis...

NASH – Je pensais que les nominations pour le prix Nobel étaient secrètes. Je pensais que vous ne saviez seulement que si vous aviez gagné ou perdu.

KING – C'est en général le cas, oui. Mais ces circonstances sont spéciales. Le prix est important. Il nécessite des financements privés. À ce titre, l'image du Nobel est tout à fait importante...

King s'arrête un temps. Prend une gorgée de thé.

NASH – Donc vous êtes venu ici pour savoir si j'étais fou. Pour voir si j'allais foutre le bordel si je gagnais vraiment. Peut-être danser sur le podium ou me mettre à poil ou criailler comme un poulet.

C'est le ton de Nash qui met King à l'aise.

KING – Quelque chose comme ça, oui.

Nash s'arrête, détourne le regard.

NASH – Est-ce que je vous embarrasserai ? Oui, je suppose que c'est possible. Voyez-vous, je suis fou. Je prends les médicaments les plus récents. Je continue à voir des choses qui ne sont pas là. Mais je choisis de les ignorer. Comme une diète de l'esprit. Je ne me livre pas à certains appétits. Mon appétit pour les motifs. Et peut-être mon appétit d'imaginer, même de rêver. J'ai perdu beaucoup, mais...

Il ouvre ses mains.

JEUNE PROFESSEUR – Professeur Nash ?

John lève les yeux. Un jeune membre de la faculté le regarde. Il met la main dans sa poche, dépose quelque chose en face de lui. C'est son stylo.

WIDER

Another teacher stands behind him. He too lays his pen down before Nash. And now everyone in the room is rising, coming to him, laying their pens down, one after another in a growing tribute to a lifetime of accomplishment.

KING – What...?

The pens keep coming. Nash opens his mouth to answer. But he can't, eyes suddenly flooding[1] with tears for this journey taken so very far.

DISSOLVE TO: INT. ROYAL SWEDISH ACADEMY – NOBEL CEREMONY

A giant hall. Full. Nash stands at the podium, blinking his eyes. Hundreds sit watching, as camera flashbulbs finally cease.

But Nash just stands there. A long beat. And even longer.

KING – CLOSE. In the audience. Concerned.

ALICIA – CLOSE. In the front row. Starting to worry.

BACK TO NASH. Still standing there. See what he sees. Hundreds of faces staring back at him. Finally, just when all seems lost...

NASH – Thank you. Thank you for your patience.

But he's not looking at the speech before him. He's not looking at the audience. He's looking only at Alicia.

NASH – I have always believed in numbers. In the equations and logics that lead to reason. I was wrong. It is only in the mysterious equations of love that any logic or reason can be found. Perhaps it is good to have a beautiful mind. But a better gift is to discover a beautiful heart.

And suddenly there is no one else in the room but the two of them, Nash's magical vision revealing the patterns of the heart.

---

1. **to flood** : 1. (ici) *être inondé, se remplir, noyer* ; 2. *submerger* ; 3. *faire déborder.*

PLAN ÉLARGI
Un autre enseignant est debout derrière lui. Lui aussi pose son stylo devant Nash. Et maintenant chacun dans la pièce se lève, venant à lui, posant son stylo, l'un après l'autre dans un hommage à l'œuvre de toute une vie.

KING – Quoi ... ?

Les stylos continuent à arriver. Nash ouvre la bouche pour répondre. Mais il ne peut pas, ses yeux soudain remplis de larmes car il revient de tellement loin.

FONDU ENCHAÎNÉ SUR :

INT. – ACADÉMIE ROYALE DE SUÈDE – CÉRÉMONIE NOBEL

Une salle gigantesque. Pleine. Nash est debout sur le podium, clignant des yeux. Des centaines de personnes sont assises à regarder, alors que les ampoules de flash des appareils de photo s'arrêtent finalement. Mais Nash est là juste debout. Un long temps. Et encore plus long.
KING – GROS PLAN. Dans l'assistance. Inquiétude.
ALICIA-GROS PLAN. Au premier rang. Commençant à se faire du souci.
RETOUR SUR NASH. Toujours debout là. Voit ce qu'il voit. Des centaines de visages le fixant. Enfin, juste quand tout semble perdu...

NASH – Merci. Merci pour votre patience.

Mais il ne regarde pas le discours devant lui. Il ne regarde pas l'assistance. Il regarde seulement Alicia.

NASH – J'ai toujours cru aux nombres. Aux équations et à la logique qui mènent à la raison. C'est seulement dans les mystérieuses équations de l'amour que toute logique ou raison peuvent être trouvées. Peut-être est-il bon d'avoir un bel esprit. Mais un meilleur don est de découvrir un superbe cœur.

Et soudain il n'y a personne d'autre dans la salle que tous les deux, la vision magique de Nash révélant les modèles du cœur.

NASH – Thank you for your belief in me after so many years. You are the reason I am here today.

Nash reaches into his breast pocket and takes out something familiar. It's her rose embroidered handkerchief.

NASH – You are the reason I am.

And with that he tucks the handkerchief in his suit pocket.

NASH – Thank you.

The room EXPLODES with APPLAUSE, suddenly full again. Hansen stands, his APPLAUSE ever more enthusiastic, as does Sol, and Bender, and then those around them, all rising in ovation.

ALICIA – CLOSE. CLAPS as hard as the rest, full of love and pride.

John just stands on stage. Taking it all in. Then, finally, he bows, folks APPLAUDING so loud that Nash can't stifle a LAUGH.

INT. – ROYAL SWEDISH ACADEMY – COCKTAIL RECEPTION

John stands with Alicia and amidst the dwindling well wishers.

ALICIA – Time to go?

NASH – Yes, please.

He helps on her with her wrap. That's when he sees them, standing by the door. Three familiar figures. Charles, Marcee and William. Then Parcher does something odd. He gives Nash a small salute.

ALICIA – What is it? What's wrong?

He turns to his wife. His smile is long in coming, but when it comes, it melts the worry on his face along with our hearts.

NASH – Nothing. Nothing at all.

He takes her hand, turning his back on them, man and wife heading away together, outside, into the light and gone.

FINAL FADE TO BLACK.

NASH – Merci d'avoir cru en moi après tant d'années. Tu es la raison de ma présence ici.

Nash met la main dans sa poche et sort quelque chose de familier. C'est son mouchoir brodé d'une rose.

NASH – Tu es ma raison d'être.

Et sur ce il fourre le mouchoir dans la poche de son costume.

NASH – Merci.

TONNERRE D'APPLAUDISSEMENTS dans la salle, soudain pleine à nouveau. Hansen est debout, son APPLAUDISSEMENT encore plus enthousiaste, ainsi que Sol, et Bender, et ensuite ceux autour d'eux, tous debout ovationnant.

ALICIA – GROS PLAN. APPLAUDIT aussi fort que les autres, pleine d'amour et de fierté.

John reste juste debout sur la scène. Absorbant tout. Puis, finalement, il s'incline, les gens APPLAUDISSANT si fort que Nash ne peut réprimer un RIRE.

INT. – ACADÉMIE ROYALE DE SUÈDE – COCKTAIL DE RÉCEPTION

John est debout avec Alicia au milieu du groupe d' admirateurs qui diminue.

ALICIA – Temps de partir ?

NASH – Oui, s'il te plaît.

Il l'aide à mettre son châle. C'est alors qu'il les voit, debout à la porte. Trois silhouettes familières. Charles, Marcee et William. Puis Parcher fait quelque chose d'étrange. Il adresse à Nash un petit salut.

ALICIA – Qu'est-ce qu'il y a ? Qu'est-ce qui ne va pas ?

NASH – Rien. Rien du tout.

Il prend sa main, leur tournant le dos, mari et femme, sortant ensemble, dehors, dans la lumière, et partis.

FONDU AU NOIR FINAL

Imprimé en France par

CPI
BUSSIÈRE

à Saint-Amand-Montrond (Cher)
en juin 2012

POCKET – 12, avenue d'Italie – 75627 Paris Cedex 13

N° d'impression : 122043
Dépôt légal : juillet 2012
S22833/01